写真プロセスで
絶対作れる！

デコ

巻きずし
完全版

CONTENTS

PART 4 *** 縁起もの巻きずし…P.74

PART 6 *** 動物デコずし…P.114

PART 5 *** 季節の巻きずし…P.84

本誌の使い方

デコ巻きずしの難易度を○の数で表しています。
★→★★→★★★の順に難易度が高くなっています。

各作品ページに掲載の完成写真は、ほぼ実物大サイズ（Actual Size）です。組み立て、巻き加減の参考にしてください。ただし、のりは時間がたつと縮んでくるので、できあがりに差が生じることがあります。

レシピに表示している分量は、1カップ＝200ml、小さじ1＝5ml、大さじ1＝15ml（1ml＝1cc）。

基礎とコツ

はじめてでもかんたん
&きれいに巻ける

道具 デコ巻きずしに必要な道具を紹介します。まず、使う道具をセットしてから作りはじめましょう。

酢めし
基本の
3点セット

ボウル・しゃもじ・うちわ

大きめのボウルで熱いごはんとすし酢を混ぜ、うちわであおいで酢めしを作ります。色つき酢めしを作るために、小さめのボウルも多めに用意しておくと便利です。

巻くときの
必須
アイテム

巻きす

竹製の太巻き用を基本使用します。使うときは乾いた状態で緑がかった方（表）を上にして、糸の結び目は向こう側に置きます。拭けばすぐに乾くプラスチック製のカラー巻きすも便利です。

まな板・定規つきまな板

大きめの合成樹脂（プラスチック製）のものが使いやすくて衛生的。具材や酢めしの長さ、幅をはかるときには定規つきがあると便利。なければ20cm定規で代用できます。

はかり

材料の分量（重さ）を正確にはかるのに必要。デコ巻きずしは5g、10g単位の細かい分量が重要になってくるので、1g単位ではかれるデジタルはかりが便利です。

計量カップ、スプーン

容量（ml）をはかります。
1カップ＝200ml（cc）
大さじ1＝15ml
小さじ1＝5ml

絶対
おすすめ！

エンボス手袋

ポリエチレン製の使い捨て手袋。酢めしが指にくっつかないので、細かい作業がとてもスムーズにできます。

包丁

巻きずしを切るのは刃の厚みが薄く、細長いものが最適。万能包丁か長めのペティナイフが手軽です。

キッチンばさみ

のりを切る作業がとてもラクにできます。細切りなど細かい作業をするには先端がとがったタイプがおすすめです。

ふきん

指や包丁、道具をふく、かぶせて酢めしや巻いたパーツの乾燥を防ぐなど、用途はいろいろ。とくに包丁を拭く、ついた飯粒をぬぐうには不織布製が最適です。

目玉や
口などの
パーツの型抜き

のりパンチ

のりを抜くことで、かわいい顔のパーツや模様などがかんたんに作れます。なければ、ハサミでカットしてもOKです。

竹串・ピンセット

目や口、眉毛など、細かいパーツをつけたり位置を調節するときに必要です。ピンセットは先がとがったものの方が使いやすいでしょう。

デコ巻きずしの絵柄を作り出すために必要なさまざまな材料。
あらかじめ約10cm（のりの基本幅サイズ）に切り揃えておくと便利です。

きゅうり
できるだけ細めでまっすぐのものを選び、
10cmにカットしておきましょう。

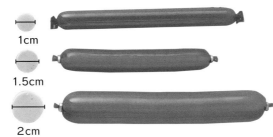

断面
1cm
1.5cm
2cm

魚肉ソーセージ
寸法（直径）は目安。本誌は3種類を
区別して材料を指定しています。

スティックチーズ
チーズかまぼこ
魚肉ソーセージ（細）
厚焼き卵

スティックチーズ（直径約1cm）

スライスチーズ（約8.5cm角）
使用直前まで冷蔵庫に入れておき、包装フィルムにのせたまま切ると作業しやすい。

チーズかまぼこ

山ごぼう漬け

いなり揚げ

ちくわ
細めを使用。

包丁の背で板からはずし
ておきます。

かまぼこ

かにかまぼこ

茎
葉

野沢菜漬け

黒豆の煮物

かんぴょうの煮物

厚焼き卵

錦糸卵

薄焼き卵を細
いせん切りにす
ると錦糸卵に。

厚焼き卵の作り方

材料　〈できあがりサイズ〉
約5.5×3×12cm
卵…3個
砂糖…大さじ1
塩…少々
サラダ油…適宜
＊卵はよく溶きほぐし、
調味料と混ぜておきます。

卵焼き器を熱し、全体に
油をなじませたら卵液の
約¼量を流し入れます。

手前に向かって折りたた
むように巻き、向こう側
に押しやります。

卵液を¼量、再度手前
に流し入れ、手前に向か
って同様に焼きます。

同じ作業を繰り返して、
全量を焼き上げます。

基本の酢めし（白）

かために炊き上がったごはんが熱いうちに、すし酢（合わせ酢）を手早く合わせて仕上げるのが、おいしい酢めしを作るコツ。しゃもじで手早く切るように混ぜ合わせ、うちわで余分な水分とあら熱をとばして人肌に冷まします。

材料　できあがり約600g分

米…2合（360㎖）
水…360㎖
すし酢…60㎖
（合わせ酢は下表を参照）

準備

2合の米を同量の水でかために
ごはんを炊いておきます。

すし酢
熱いごはんに混ぜるだけで
かんたんに酢めしができます。

米1合＝約150g（重さ）=180㎖（容量）

普通のごはんは米の1〜2割増
の水で炊き、炊く前の米の重さの
約2.3倍にふえます。
酢めし用にかために炊く場合は水
量が若干少ないので、おおよそ
「米の重さの2倍に炊き上がる」
と覚えておくと便利です。

1　炊きたてのごはんを6等分に切るようにしゃもじを入れます。

2　分量のすし酢（合わせ酢）をまわし入れます。

3　すぐに内釜を逆さまにして、ごはんを大きめのボウルに移します。

4　手早く周囲からごはんをくずし、底から大きく返しながら切るように混ぜます。

5　ごはん粒のあいだに風を送るようにうちわであおぎ、あら熱をとります。

6　冷めたらぬれぶきんをかけ、乾燥を防ぎます。

米から酢めし用ごはんの炊きあがり量、すし酢、合わせ酢の分量

米（g）	水	炊きあがりごはん量(g)	すし酢(㎖)	合わせ酢		
				米酢	砂糖	塩＊
1合（150g）	180㎖	約300g	大さじ2（30㎖）	大さじ1½	大さじ1	小さじ½
2合（300g）	360㎖	約600g	大さじ4（60㎖）	大さじ3	大さじ2	小さじ1
3合（450g）	540㎖	約900g	大さじ6（90㎖）	大さじ4	大さじ3	小さじ1½

＊色つきの酢めしを作る場合は、味のある材料を混ぜるので合わせ酢の塩分は控えめにします。

ここがPoint!

合わせ酢は米酢に塩を加えてよく混ぜ、次に砂糖を加えて完全に溶かします。このとき酢を少し温めておくと溶けやすくなります。

色つき酢めしの
バリエーション

デコ巻きずしの絵柄のベースとなり、よりおいしい味にするのがカラフルに色づけされた酢めしです。混ぜ込む食材の量を加減すれば、色の濃淡が調節できます。

色をつける材料と分量の目安

酢めし(白)50gに各分量を混ぜ込んだときの色を参考に濃淡を調節し、好みの色つき酢めしを作りましょう。

 ピンク おぼろ、桜でんぶ、練り梅、たらこなど

おぼろ 大さじ1　　桜でんぶ 小さじ1

 オレンジ とびこ、鮭フレークなど

とびこ 大さじ1　　鮭フレーク 大さじ1

※鮭フレークは混ぜ込む素材の元の色をチェックして、オレンジかピンクかを決めましょう。

緑 わさびとびこ、青のり、刻み青菜など

わさびとびこ 大さじ1　　青のり 小さじ1

黄 錦糸卵、カレー粉、かぼちゃパウダーなど

錦糸卵 大さじ1　　カレー粉 小さじ¼

※カレー粉はマヨネーズ少々を加えると酢めしとなじみやすく、なめらかな仕上がりになります。

黒 黒すりごま、のりの佃煮など

黒すりごま 小さじ1
+のりの佃煮 小さじ¼

紫 ゆかり、紫芋パウダーなど

ゆかり 小さじ1

茶 かつおふりかけ、かつお節など

かつおふりかけ 大さじ1

赤 赤えび粉、赤い梅干しなど

赤えび粉 小さじ1

※赤みの強い乾燥桜えびやあみえびをフードプロセッサーで細かく砕いたものを使用しています。

デコふりで手軽に色づけ

混ぜるだけで手軽に色ごはんができる便利なカラフルふりかけ「デコふり」。
白の酢めしに混ぜて使いましょう。

緑 ······ ピンク

一般的な食材では色づけがむずかしい青の酢めしは、このふりかけの「青」色を使えばかんたんに作ることができます。

デコふり提供／はごろもフーズ　　※「デコふり」は、はごろもフーズ株式会社の登録商標です。

7

のりと巻きす について

デコ巻きずしに絶対欠かせないのりのサイズ、切り方、つなぎ方、巻きすのミニ知識などを解説します。

全型サイズ　　あらかじめ1/2にカットされたサイズ

のりの大きさと裏表

巻きずしで使うのは焼きのりです。のり全型(全判／板のり)の一般的なサイズは横18〜20cm、縦20〜22cm。裏表をしっかり確認して、巻き上がりに表が外側にくるように、巻きすには表を下にして置きます。

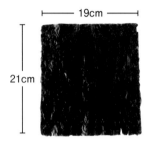

19cm / 21cm

光沢、つやがあるのが表。ザラザラ感があるのが裏。

表 / 裏

＊のりのサイズ、裏表は商品によって違う場合がありますが、本誌はこれを基本としています。

のりのつなぎ方

1/2より大きいサイズが必要な場合は、のりをつないで使います。本誌で「のり1/2と1/4をつなぐ」指定がある場合は、のり1/2の端に接着用のごはん数粒をつけてのばし、その上にのり1/4を1cm弱重ねてつなぎます。

のりの準備・切り方

のりは巻きはじめる前に必ず使うサイズに切り分け、しけらないようにジッパーつきの保存袋や食品用乾燥剤を入れた缶などに入れておきます。

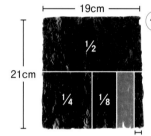

19cm / 21cm / 1/2 / 1/4 / 1/8 / 2cm

例 材料に指定している「のりの分割図」の意味

←全型のりの21cmの辺を半分に切り(1/2)、もうひとつの1/2の19cmの辺を縦半分に切ります(1/4)。残りをさらに縦半分に切り(1/8)、残ったのりを2cm幅に切ります(2cm)。

絶対おすすめ!

初心者は必ずキッチンばさみを使いましょう。とくに小さいサイズはきれいに切れます。

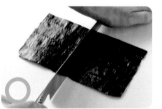

包丁で切る場合は、のりを乾いたまな板にのせ、刃の上に手を添えて刃全体で押し切ります。

刃先で引いて切るとのりがひっかかり、切り口が汚くなってしまいます。

巻きすにのりを置くとき

基本は巻きすの上にのりを置き、酢めしや具材をのせて巻いていきます。

巻きすの裏表

表 / 裏

なめらかな面(青い竹の皮側)が表。

＊地域によって表、裏が逆の認識もあるようですが、本誌では上記を基準にしています。

ここがPoint!

作業中、巻きすはぬらさないように! のりがしけてしまいます。ぬれた場合は、すぐに乾いたふきんやキッチンペーパーで水気を拭きとりましょう。使用後はきれいに洗い、風通しのよい場所で完全に乾かしておきます。

向こう側(縦)に巻く場合

巻きすを縦に置いて向こう側に巻きます。巻く途中にひもを巻き込まないように糸の結び目を向こう側に置き、のりは必ず巻きすの手前と揃えて置きます。のりが横長や小さい場合も同様です。

のりを左右から重ねてとじる場合

糸の結び目が右にくるように巻きすを横にして起き、のりは巻きすの左右のほぼ中央にのせます。

準備が大切！

デコ巻きずしをスムーズに作るコツは準備にアリ！ のりを指定のサイズにカットし（→P.8）、酢めしを正確なg数に分け、仕上げで使う目や鼻などの細かいパーツを作っておきましょう。

酢めしの計量

示された量をきちんとはかって軽くまとめ、あとで混乱しないようサイズごと、色ごとに並べておきます。

エンボス手袋をしていると指に酢めしがくっつかないので作業が効率的！

1 酢めしをとるときは指をそろえて、下方のごはん粒がつぶれないようにすくいとります。

2 1gまで正確にはかります。

3 軽くまとめて、サイズ別に分けておきます。

手酢（てず）

エンボス手袋をしない場合は、酢めしが手につくのを防ぐために、水に酢少々を加えた「手酢」を準備します。

指先に軽くつけたら、手のひら、指のあいだまでまんべんなく行き渡らせます。つけすぎると酢めしがべちゃべちゃになるので注意しましょう。

細かいパーツ作り

仕上げでのせる目や口などのパーツ作りは、型で抜いたりカットする細かい作業。微妙な差で表情が変わってくるので、多めに用意しておくとよいでしょう。

一番大事なのはセッティング！

指定サイズを切りとった残り部分（端材）ののりを利用して、のりパンチで抜きます。

いろいろな型があるので、表情に合ったものを選んで。

欲しい形がない場合は、別々に抜いたものを組み合わせておきます。

のりパンチでは上手く抜けない厚みのある素材は、ストローを使って丸やだ円、三角に抜きます。真上からぐっと押すようにして抜くときれいに抜けます。

丸

三角

市販の型抜きで指定の形に抜きとります。

道具と材料、すべてセッティングしてから巻きはじめましょう。これらの準備を怠らなければ、パーツ作り以降の作業はスムーズに運びます。

上手に巻くためのコツ

デコ巻きずしならではの小さなパーツの巻き方、全体を組み立ててのりをとじる方法などをわかりやすく解説します。

酢めしの置き方、広げ方

酢めしをある程度形にまとめてからのりの上に置くのがポイント。レシピに従い、のり幅の棒状や三角を形作ってから指定の位置にのせましょう。広げる場合はのりの全面、半面、指定の幅などに注意します。

のりが小さい場合

「手前に棒状に」

「中央に三角の山にして」

「向こう側1cmを残して均一に広げて」

のりが大きい（長い）場合

分量の酢めしを2～3つに分けてのせます。

上の酢めしから順に指先で上下に広げます。

足りない部分は多い部分をつまんで移し、均等に広げます。

いろいろな形に細く巻く

デコ巻きずしの各パーツを作るには細巻きテクニックが必要。巻き上がりの形別にポイントを解説します。

丸

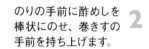

1 のりの手前に酢めしを棒状にのせ、巻きすの手前を持ち上げます。

2 手前を向こう側の酢めしの端に合わせ、ぐっと手前に引いてしめます。

3 巻きすの先端を少し持ち上げ、前方にすべらせて巻きあげます。

4 両端の酢めしを押さえ、表面を平らにします。

> **ここがPoint!**
> 巻き上がりを巻きすにはさみ、巻きすを上下にすり合わせるように動かすときれいに丸く整います。
>
>

三角

丸と同様に巻き、三角に形を整えます。

四角

丸と同様に巻き、四角に形を整えます。

しずく形

1 のりの上半分に、中央はやや厚く向こう端は薄めに酢めしを広げます。

2 巻きすの手前を持ち上げ、向こうの端を巻きすで押さえるように二つ折りにして、先端をとがらせます。

だ円

1 のりの手前に酢めしをだ円の棒状にのせます。

2 巻きすの手前を持ち上げ、向こう側に巻いていきます。

3 だ円の形に整えます。

巻きを使わない場合

のりの中央にこんもりとごはんをのせます。

だ円をイメージしながら、上下からのりを合わせてとじます。

太く巻く

巻きすを縦に置いて手前から巻いていく巻き方と、
横に置いて左右からのりを重ねてとじる方法があります。

ここがPoint!

どの巻き方でも、のり端に接着用のごはん数粒をのばしてからしっかりとじ合わせます。

巻きすを縦

1 のりを巻きすの手前端と揃えて置き、手前に棒状にまとめた酢めしをのせます。

2 酢めしを押さえながら手前の巻きすを持ち上げ、手前ののり端を向こう側の酢めしの端に合わせます。

3 巻きすをぐっと手前に引いてしめます。

4 手前の巻きすの端を少し持ち上げ、前方にすべらせるようにすしを転がして巻き上げます。

巻きすを横

置いたまま

1 巻きすの片方（左側）を持ち上げ、のりをかぶせます。

2 のりを酢めしにつけるように押しつけたら、いったん巻きすを開きます。

3 もう一方（右側）の巻きすを持ち上げてのりをかぶせて重ね、とじ合わせます。

4 上からぐっと巻きすを巻きしめ、形を整えます。

持ち上げる

1 巻きすを手のひらにのせて丸めるように持ちます。

2 巻きすでのりを片方（左側）かぶせます。

3 いったん開き、反対側の巻きす（右側）をかぶせてのりをとじ合わせます。

4 両側から巻きしめ、形を整えます。

巻き上がりの整え方

巻き上がったすしの形はいろいろですが、すべて巻きすの端に移して形と側面を整えます。

基本

巻きすの手前の端にすしを置き、巻きすで軽くしめながら指先で側面を押さえて平らに整えます。

くびれがある場合は、ぐっとしめてメリハリをつけます。

複雑な形の場合は、その形に沿うように巻きすをかけて輪郭を整えます。

細部は巻きすからとり出して正面から確認して、手で整えます。

細部ののりをなじませるときなどは、ぬれぶきんを当てて形をしっかりつけます。

切り方

デコ巻きずしをきれいに切るコツは、ぬれぶきんでこまめに包丁を拭くこと。
切る前に等分の印をつけてから、前後に動かしながら切りましょう。

準備

必ずぬれぶきんを用意し、包丁をひんぱんに拭くようにします。まず包丁を軽くぬらし、ひと切れ切るごとに包丁についたごはん粒を拭きとります。

ここがPoint!
切る前に包丁の刃先で4等分の印を軽くつけておきます。

基本

左端 / 右端

1 最初に右端を切ります。

2 次に、すしの左端を右側に回転させます。

3 右側に来たもう一方の端を切ります。

4 残りの中央に包丁を入れます。

5 4等分。1切れ目と2〜4切れ目は、見える絵柄の向きが違います。

1本で2柄（2色）タイプ

赤白帽　　忍者・くノ一

1 中央で2等分します。

2 右半分を等分に切ります。

3 男子が2切れ。

4 左半分を等分に切ります。

5 女子が2切れ。計4切れになります。

寿司ンメトリー

門松（かどまつ）　　松竹梅扇

観音開きにすると左右対称（シンメトリー）になってひとつの絵柄が現れるもの

1 中央で2等分します。

2 それぞれの中央に切り込みを入れ、底部ののりを切り離さないように切り開きます。

漢字（文字）

左右対称でない文字

「祭」山車（だし）（端を落としてから4等分に切り分け）

1 正しく文字が見える方の端を少し切り落とします。

2 軽く4等分の印をつけ、端から等分に切ります。

12

仕上げのポイント

最後に、手や耳などのパーツを切り分けてつけたり、のりの目をのせたり、必用に応じた造作をして完成です。

パーツをつける

ぐっと押しつけるようにしっかりつけます。

1 各パーツを4等分に切ります。

2 パーツ（ひれ）のごはん部分を胴体ののりにくっつけるようにぐっと押しつけます。

3 パーツ（尾びれ）の形を整えながらバランスよくつけます。

（ごはん部分がない場合）のりとのりがくっつくようにしばらく押してなじませます。

パーツをのせる

のせる位置やバランスで表情やイメージが微妙に変わってきます。ていねいに、慎重に！

竹串でのりの目玉をのせて表情を出します。

口まわりはのりパンチで抜いたパーツを組み合わせて描きます。

ほほの位置に黒ごまをのせると男の子に、おぼろをのせると女の子が完成。

トッピングを飾ったり、つぶつぶをつけることでリアルな感じに仕上がります。

冷凍保存OK！

デコ巻きずしはしっかりラップに包めば冷凍保存ができます。解凍は軽く電子レンジにかけ（500〜600Wで30〜40秒が目安）、その後は自然解凍します。
解凍後は、すぐに食べましょう。

細かい部分まですき間なくラップをかけたら、冷凍用の密封保存袋に入れます。

中の空気を抜いて冷凍します。

▶子どもが大喜びのかわいいお弁当。

▼花の巻きずしはお弁当が華やぎます。

小梅

難易度1 ★★★

細く丸形に巻いた5本を組み合わせた基本の花型。
均等な太さにしっかり巻くとできあがりがきれいです。
参考レシピ：山武巻き寿司研究会「紅梅・白梅」

Actual size

材料 4切れ分

酢めし
酢めし(白)…100g
酢めし(ピンク)…100g
　(酢めし80g＋おぼろ20g)

具材・その他
スティックチーズ(10cm)…1本[花芯]
野沢菜漬け(茎/10cm)…5本

のり

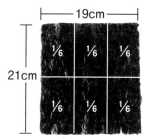

←19cm→		
1/6	1/6	1/6
1/6	1/6	1/6

21cm

1/2

準備 酢めしは各分量に分けておきます。

100g

20g×5

Ⅰ 花を作る

1 のり1/6の手前に酢めし(ピンク)20gを棒状にのせます。

2 酢めしを軽く押さえながら手前を持ち上げ、向こう側の酢めしの端に合わせたら、すしをころがして丸く巻きます。

ここがPoint!

巻き上がりを巻きすにはさみ、巻きすを上下にすり合わせるように動かすときれいに丸く整います。

3 計5本巻きます。

4 真ん中に花芯をはさみながら3本をまとめます。

5 残り2本をのせて花の形に整えたら、ぎゅっとしめてのりとのりをくっつけておきます。

スティックチーズはのりがくっつきやすい食材。山ごぼうを花芯にする場合は、外側を帯のりで巻いた方がよいでしょう(➡P.25)。

2 配置して巻く

1 のり½にごはん数粒をつけてのばし、その上に⅙を重ねてつなぎます。

2 巻きすにのりを縦長に置き、酢めし(白)100gを2～3つに分けてのせます。

3 向こう端を5cm残して酢めしを均等に広げます。

4 手前3cmの位置から野沢菜5本を等間隔に並べます。

5 花びらと花びらのくぼみに1本目の野沢菜が入る位置に花を置きます。

6 花を押さえて手前の巻きすを持ち上げ、同様にくぼみに野沢菜が入るように気をつけながら、向こう側にころがして巻いていきます。

7 巻きすをぐっと手前に引いてしめ、丸く巻きます。

ここがPoint!
ころがして巻くときは手前の巻きすの先端を少し持ち上げ、前方にすべらせるようにします。巻き終わりはのりとのりを重ねてとじます。

3 切る

1 巻きすの端にすしを移し、巻きすをしめながら形を整え、側面を押さえて平らにします。

2 切る前に、包丁の刃先で4等分の印を軽くつけておきます。

ここがPoint!
切るときはまず包丁を軽くぬらします。必ずぬれぶきんを用意し、包丁をひんぱんに拭くようにしましょう。

3 まず右端を切ります。

4 次に、すしの左端を右に回転させてもう一方の端を切り、残りの中央に包丁を入れて4等分に切ります。

5 最後に軽く押さえて丸く形を整えます。

15

<ruby>黄梅<rt>おうばい</rt></ruby>

難易度1 ★★★

丸い細巻き5本を組み合わせた、花の巻きずしの基本。
均等な太さに丸くしっかり巻くとできあがりがきれいです。

Actual size

材料 4切れ分

酢めし
酢めし(白)…100g
酢めし(黄)…100g
(酢めし95g +カレー粉5g+マヨネーズ少々)

具材・その他
魚肉ソーセージ (細/10cm)…1本 [花芯]
野沢菜漬け(茎/10cm)…5本

のり

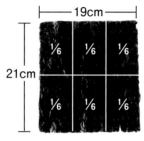

← 19cm →
21cm
1/6 | 1/6 | 1/6
1/6 | 1/6 | 1/6
1/2

準備 酢めしは各分量に
分けておきます。

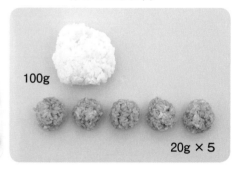

100g

20g × 5

I パーツを作る

花

1 のり1/6の手前に、酢めし(黄)20gを棒状にのせます。

2 酢めしを軽く押さえながら手前を持ち上げ、向こう側の酢めしの端に合わせたら、すしを転がして丸く巻きます。

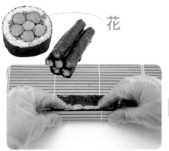

ここがPoint!
巻き上がりを巻きすにはさみ、巻きすを上下にすり合わせるように動かすと、きれいに丸く整います。

3 計5本の細巻き(花びら)を巻きます。

4 真ん中に魚肉ソーセージをはさみながら3本をまとめます。

5 残り2本をのせて花の形に整えたら、ぎゅっとしめてのりとのりをくっつけておきます。

ここがPoint!
花びらがばらけるのが心配な場合や、山ごぼうなどのくっつきにくい素材を花芯にするときは、外側を帯のりで巻いた方がまとめやすいでしょう。

2 配置して巻く

1 のり½の端にごはん数粒をつけてのばし、その上にのり⅙を1cm弱重ねてつなぎます。

2 巻きすにのりを縦長に置き、酢めし(白)100gを2～3つに分けてのせます。

3 向こう端を5cm残して酢めしを均等に広げます。

4 手前3cmの位置から野沢菜5本を等間隔に並べます。

5 花びら(細巻き)と花びらのくぼみに1本目の野沢菜が入る位置に花を置きます。

6 花を押さえて手前の巻きすを持ち上げ、同様にくぼみに野沢菜が入るように気をつけながら、向こう側に転がしていきます。

7

巻きすをぐっと手前に引いてしめ、丸く巻き上げます。

ここがPoint!
転がして巻くときは手前の巻きすの先端を少し持ち上げ、前方にすべらせるようにします。巻き終わりはのりとのりを重ねてとじます。

3 切る

1 巻きすの端にすしを移し、軽くしめながら形を整え、側面を押さえて平らにします。

2 切る前に、包丁の刃先で4等分の印を軽くつけておきます。

ここがPoint!

必ずぬれぶきんと水を用意します。切るときは、まず包丁を軽くぬらします。

途中も包丁をひんぱんに拭くようにします。

3 まず右端を切ります。

4 次に、左端が右にくるようにすしを回転させてもう一方の端を切り、残りを等分に切ります。

5 最後に、軽く押さえて丸く形を整えます。

17

バラ

具材を散りばめてくるくる巻くだけ！
見た目が華やかで、いろいろな味も楽しめます。

デザイン：花巻子

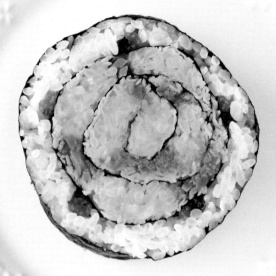

酢めし
酢めし(白)…120g
酢めし(ピンク)…90g
　(酢めし70g＋おぼろ20g)

具材・その他
錦糸卵…20g
野沢菜漬け(葉/10cm)…5本
たらこ(または明太子)、紅しょう…
　…各大さじ1

のり

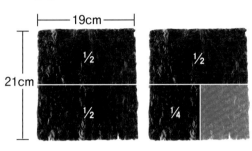

| 19cm |
| 21cm |

1/2 1/2
1/2 1/4

準備 酢めしは各分量に分けておきます。

45g×2
120g

Actual size

1 花を巻く

1 のり各1/2の向こう端を2cm残して錦糸卵を均等に広げ、酢めし(ピンク)各45gを9等分しながら全体に散らしてのせます。

2 すき間にたらこ、紅しょうがを散らします。

3 1枚を、手前から空気を抜くように巻いていきます。

4 巻き上がりをもう1本にのせ、同様に手前から巻き上げます。

2 配置して巻く

1 のり1/2と1/4をつないで巻きすに縦長に置き、向こう端を4cm残して酢めし(白)120gを均等に広げます。

2 手前3cmの位置から野沢菜を等間隔に並べ、1本目と2本目のあいだに花を置きます。

3 花を押さえながら向こう側にころがして巻いていきます。

3 切る

巻きすの端にすしを移し、側面を押さえて平らにしてから4等分に切ります。

菊

難易度1 ★★★

2色のしずく形の花びらを組み合わせて
ボリュームある大輪花を巻きましょう。

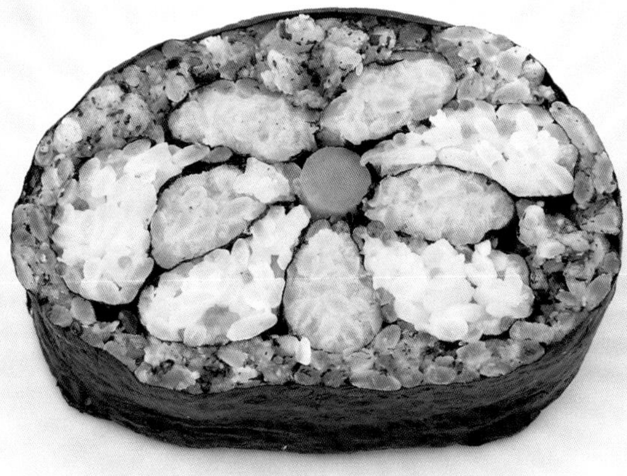

Actual size

材料 4切れ分

酢めし

酢めし(黒)…100g
（酢めし90g ＋ 黒すりごま8g＋のりの佃煮2g)
酢めし(オレンジ)…80g
（酢めし70g ＋ とびこ10g)
酢めし(黄)…70g
（酢めし67g ＋カレー粉3g)

具材・その他

山ごぼう漬け(10cm)…1本［花芯］

のり

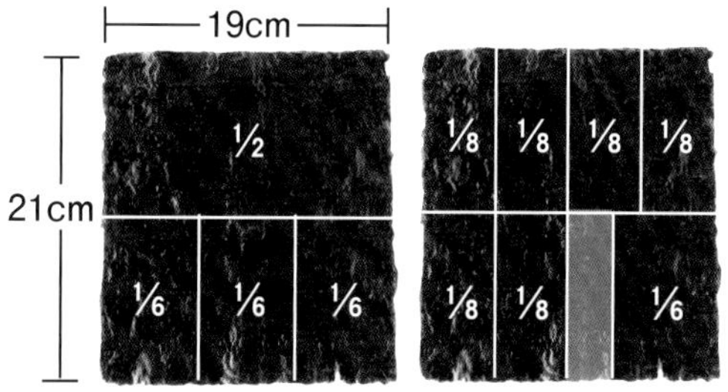
19cm
21cm
½
⅙ ⅙ ⅙
⅛ ⅛ ⅛ ⅛
⅛ ⅛ ⅙

準備 酢めしは各分量に分けておきます。

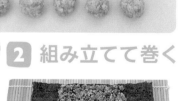

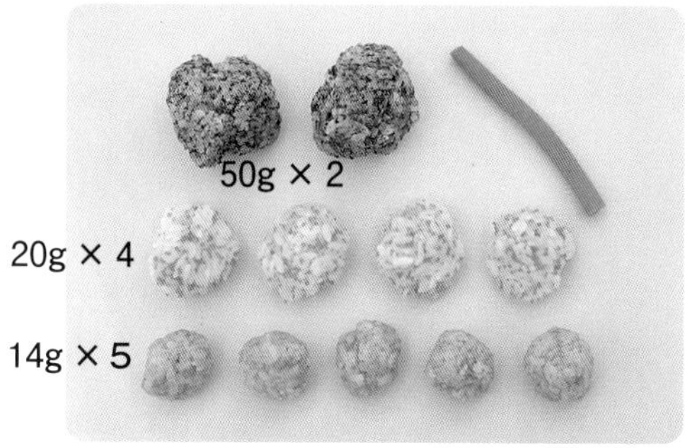
50g × 2
20g × 4
14g × 5

1 パーツを作る

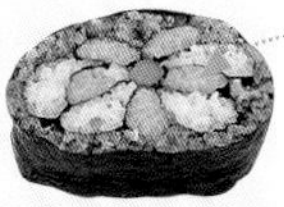

花びら(黄)

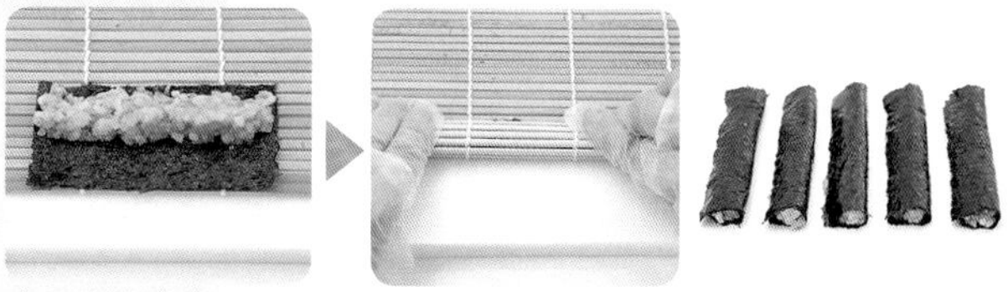

のり⅛の上半分に酢めし(黄)14gを広げます。

二つ折りにしてのりをとじ、しずく形にします(5本)。

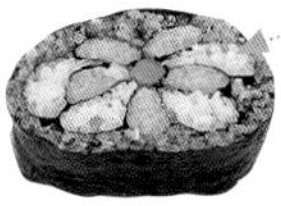

花びら(オレンジ)

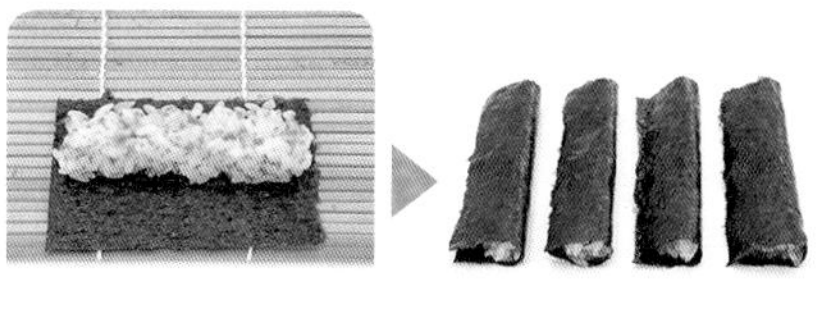

のり⅙の上半分に酢めし(オレンジ)20gを広げます。

二つ折りにしてのりをとじ、しずく形にします(4本)。

2 組み立てて巻く

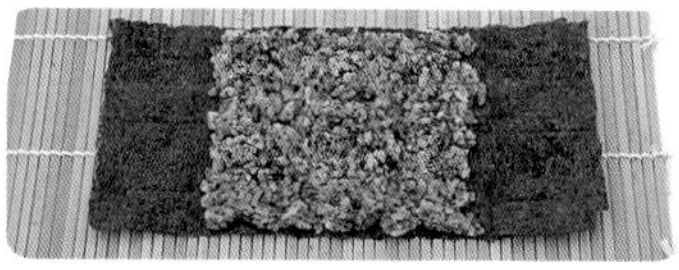

1 のり½と⅛をつないで横にした巻きすに置き、両端を5cmずつ残して酢めし(黒)50gを均等に広げます。

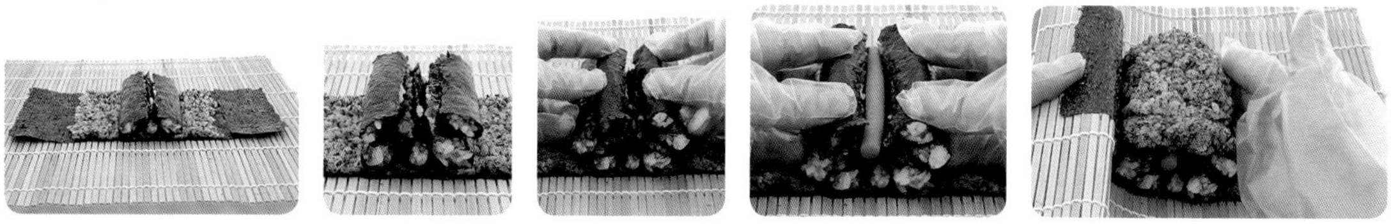

2 酢めしの中央に黄1本、左右にオレンジ2本の花びらをのせます。

3 黄2本をのせます。

4 オレンジ2本をのせます。

5 中心に山ごぼうを置いてから黄色2本をのせます。

6 酢めし(黒)50gを6cm幅に広げてのせ、片方ずつのりをかぶせてとじます。

3 切る

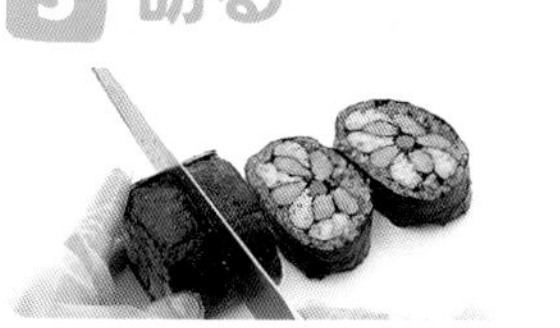

巻きすの端にすしを移し、側面を押さえて平らにしてから4等分に切ります。

タンポポ

難易度 1 ★★★

錦糸卵の花、きゅうりの葉、Vに折ってさし込んだのりで
茎を表現したシンプルなデザイン。

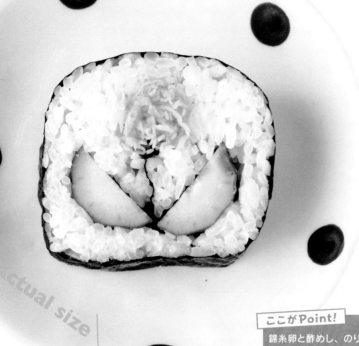

actual size

材料 4切れ分

酢めし
酢めし…190g

具材・その他
きゅうり(細)…10cm[葉]
錦糸卵…5g[花]

のり

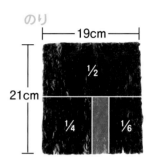

→ 19cm ←
21cm
½
¼ ⅙

準備　酢めしは各分量に分けておきます。
きゅうりは縦半分に切っておきます。

80g　　40g × 2　　30g

ここがPoint!

錦糸卵と酢めし、のりがすき
間なくぴったりくっついてい
ると仕上がりがきれい!

1 組み立てて巻く

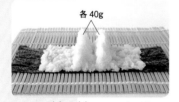
各40g

1 のり½と⅙をつなぎ、横にし
た巻きすに置きます。両端を
4cmずつ残して酢めし80gを均
等に広げ、中央に40gで作った
三角の山を2本のせます。

2 くぼみに錦糸卵を入れ、
菜箸でしっかり押さえま
す。

3 のり¼を半分に折って錦糸卵
の上にさし込み、余った部分は
山の外側に折り返します。

4 山の両側にきゅうりを置き、内
側ののりをぴったり合わせて山
をとじ合わせます。

2 切る

30g

5 仕上げに、葉の上に酢めし
30gをのせて均等にならし
ます。

6 巻きすを置いたまま、片
方ずつのりをかぶせます。

7 のりを重ね合わせてとじま
す。

巻き終わりを下にして形を整え、
側面を押さえて平らにし、4等分
に切ります。

アジサイ

雑易度 2 ★★★

花数、花色を変えて巻き上げれば、
まさに七変化の紫陽花(あじさい)も楽しめます。

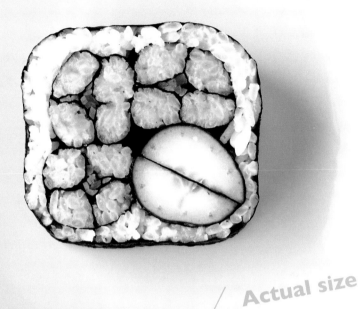

材料 4切れ分

酢めし
酢めし(白)…80g
酢めし(ピンク)…120g
　(酢めし100g＋おぼろ20g)

具材・その他
きゅうり…10cm[葉]
紅しょうが…10g[花芯]

のり

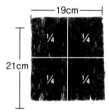 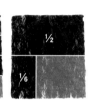

準備 酢めしは各分量に分けておきます。

40g×3
60g　　20g

Actual size

1 パーツを作る

花

1 のり¼(横長)に酢めし(ピンク)40gをのせ、四角に巻きます(3本)。

2 横半分に切り、さらに縦に切り込みを入れます(下ののりは切り離さない)。

3 のり¼の手前にのり面を上にして1本置き、中央に紅しょうがをのせてもう1本を重ね、手前から四角に巻きます(3本)。

葉

4 きゅうりは中心部を切りとって除き、のり⅙の端をあいだにはさんでから周囲を巻きます。

2 組み立てて巻く

1 のり½と¼をつなぎ、両端を5cmずつ残して酢めし(白)60gを広げます。中央に花と葉を置き、酢めし(白)20gをのせます。

2 巻きすを置いたまま、片方ずつのりをかぶせてとじます。

3 切る

巻き終わりを下にして形を整え、4等分に切ります。

山茶花 (さざんか)

難易度 2 ★★★

赤い酢めしの花びらに錦糸卵の黄色い花芯、
きゅうりの緑葉を組み合わせた鮮やかな花。

デザイン：花巻子

Actual size

材料 4切れ分

酢めし

酢めし(白)…140g
酢めし(赤)…120g
　(酢めし90g＋おぼろ25g＋赤えび粉5g)

具材・その他

スライスチーズ…1枚 [花びら縁]
チーズかまぼこ(10cm)…1本 [花芯]
錦糸卵…5g [花芯]
きゅうり(10cm)…1本 [葉]

のり

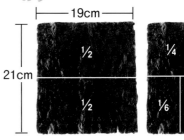

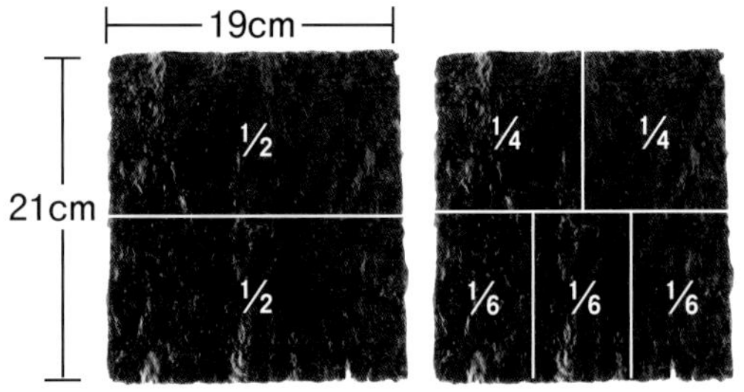

├─ 19cm ─┤
21cm

½ ½ ¼ ¼ ⅙ ⅙ ⅙

準備

酢めしは各分量に
分けておきます。

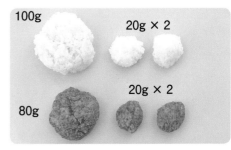

100g　20g×2
80g　20g×2

スライスチー
ズは縦半分
に切ります。

チーズかまぼこは
縦3等分の扇形
を切りとります
(残りは不要)。

1 パーツを作る

1 のり¼の中央に
チーズ、酢めし(赤)
20gをのせます。

2 巻きすを
持ち上げ、
左右ののり
を重ねて
半円にとじ
ます(2本)。

3 のり½の中央にチー
ズ面を上にして2を
並べ、中心にチーズ
かまぼこをさし込み、
錦糸卵をのせます。

4 巻きすを手のひらに
のせて丸めるように
持ち、酢めし(赤)
80gをこんもりとの
せます。

花

葉

5 片方ずつのりを重ね
合わせてとじます。

きゅうりは縦4等分に
切り、のり⅙の端を2
本のあいだにはさんで
周囲を巻きます(2組)。

逆さに積んでいきます！

2 組み立てて巻く

1 のり½と⅙をつな
いで横にした巻きすに
置き、両端を4cmずつ
残して酢めし(白)100g
を均等に広げます。

2 中央に花芯を下にして花
を置き、左右に葉をのせて、あい
だを酢めし(白)20gで埋めます。

3 切る

3 さらに酢めし(白)
20gをかぶせたら、
片方ずつのりをか
ぶせてとじます。

巻き終わりを下にして
巻きすで丸く形を整
え、4等分に切ります。

ラベンダー

三角の山に沿わせる花茎の長さと角度によって
微妙に異なる美しいラインが現れてきます。

材料 4切れ分

酢めし
酢めし(白)…190g
酢めし(紫)…15g
　(酢めし15g＋ゆかり少々)
酢めし(緑)…40g
　(酢めし30g＋野沢菜のみじん切り10g＋青のり少々)

具材・その他
野沢菜漬け(葉/10cm)…1〜2本[葉]

のり

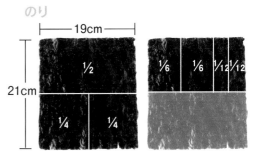

準備
酢めしは各分量に分けておきます。
きゅうりは縦半分に切っておきます。

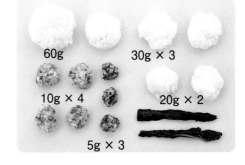

60g　　30g×3
10g×4　　20g×2
5g×3

逆さに積んでいきます！

1 パーツを作る

花茎

長2本
短1本

のり¼(2枚/長)、のり⅙(1
枚/短)の中央上に酢めし(紫)
各5gを棒状にのせ、接着用の
ごはん粒をつけて半分に折り
ます。

2 組み立てて巻く

1 のり½と⅙をつなぎ、両端を
4cmずつ残して酢めし(白)60g
を広げ、中央に酢めし各30gで
作った三角の山をのせます。

2 長い花茎をはさんで両側か
ら山を寄せ、左右に酢めし
(緑)各10gを沿わせます。

長　短

3 2の両側に長・短の花茎を
沿うようにのせます。

3 切る

各20g　　10g

4 3に沿うように酢めし
(白)各20gをのせ、
(緑)各10gで補います。

5 のり1/12、8cm幅に広げた野
沢菜、のり1/12を順にのせ、
酢めし(白)30gをかぶせます。

6 巻きすを置いたま
ま、片方ずつのりを
かぶせてとじます。

巻きすの端にすしを移し、
側面を押さえて平らにして
から4等分に切ります。

23

カメリア

難易度2
⭐⭐⭐

しずく形の花びらを中心の三つ巴（みどもえ）に順にさし込むように組み、
サイドにお洒落な黒リボンを飾りつけます。

Actual size

材料 4切れ分

酢めし
酢めし（ピンク）…200g
　（酢めし180g＋おぼろ20g）
酢めし（黒）…110g
　（酢めし100g＋黒すり
　ごま8g＋のりの佃煮2g）

具材・その他
スライスチーズ…1枚

のり

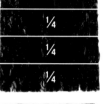
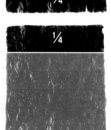

|←19cm→|
1/4 | 1/4
1/4 | 1/4
1/4 | 1/4

21cm

1/4

準備　酢めしは各分量に分けておきます。

40g×5

20g×4

15g×2

I パーツを作る

花

ここがPoint！
組むときにまとまりやすいよう、合わせ目は少しごはんが見えるようにします。

1 ラップを敷いた巻きすに横長ののり1/4を置き、上半面に酢めし（ピンク）40gを広げます。

2 巻きすの手前を持ち上げ、ふたつ折りにしてしずく形に巻きます（5本）。

3 それぞれを半分に切って10本にします。

4 巻きすを手のひらにのせ、左からしずく形の太い部分が左側になるように少し間隔をあけて3本並べます。

ここがPoint！
巻き上がりをラップで巻いてまとめておきます。

巻きすで両側から巻きしめて、断面が三つ巴になるように丸く巻きます。

5 残り7本を4の左上から順に、細い方に太い部分を組み合わせるように重ねていきます。

リボン

1 スライスチーズは縦4等分の切り目を入れ、2等分の位置にのり1/4をのせます。

2 のりごとチーズを持ち上げ、チーズに残りののりをかぶせてV字に整えます（2本）。

3 のり1/4の中央に酢めし（黒）15gで作った三角の山を置きます。

4 2をかぶせ、両側に酢めし（黒）各20gを棒状にして添えます。

5 上下から巻きすで押さえ、のりをごはん面に貼りつけるようにします。

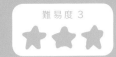

お花畑

難易度 3 ★★★

小梅(➡P.14)の応用で2色の花を作り、
茎、葉と組み立てて巻き上げます。

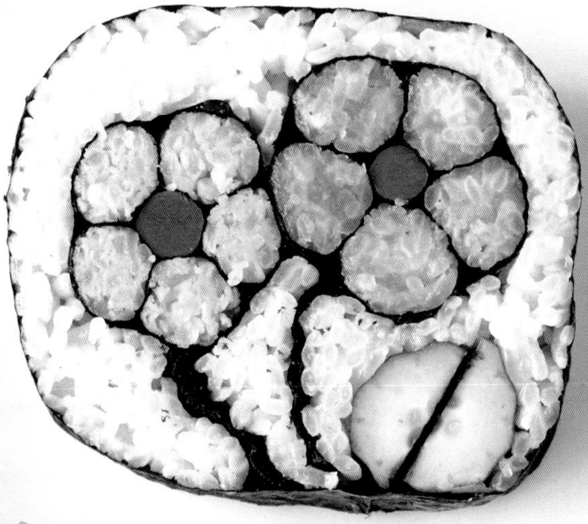

Actual size

材料 4切れ分

酢めし
酢めし(白)…180g
酢めし(ピンク)…75g
(酢めし60g＋おぼろ15g)
酢めし(黄)…50g
(酢めし30g＋錦糸卵20g)

具材・その他
山ごぼう漬け(10cm)…2本[花芯]
野沢菜漬け(葉/10cm)または
かんぴょうの煮もの(10cm)
…7cm幅分[茎]
きゅうり…10cm[葉]

のり

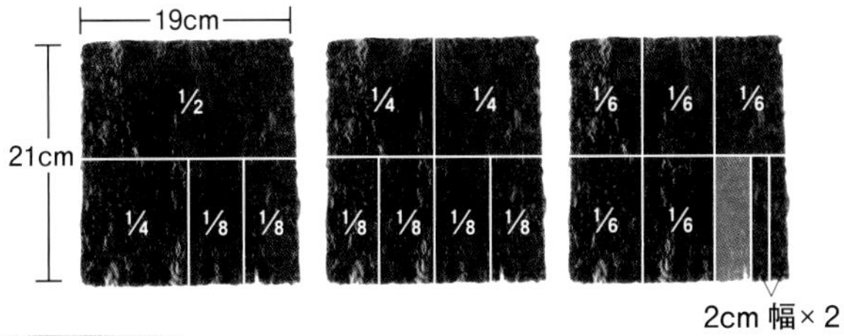
19cm
21cm
½
¼
⅛
⅛
¼
¼
⅛
⅛
⅛
⅛
⅙
⅙
⅙
⅙
⅙
2cm 幅×2

準備

酢めしは各分量に分けておきます。

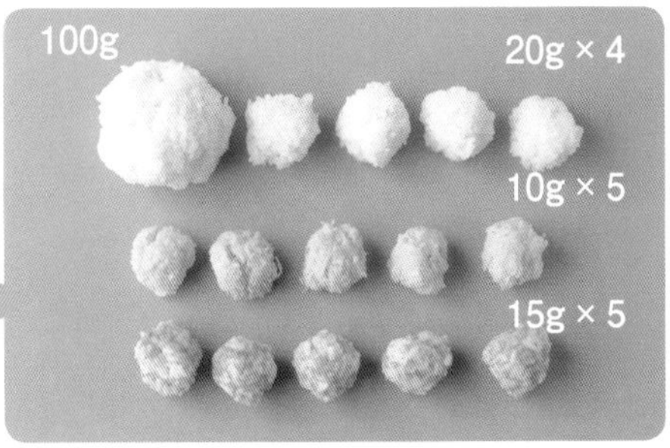
100g
20g×4
10g×5
15g×5

ここがPoint!
黄色をくっきり出すために錦糸卵は多めに使用。ごはんと混ぜるときに手で細かく砕きながら混ぜ込んでいきます。

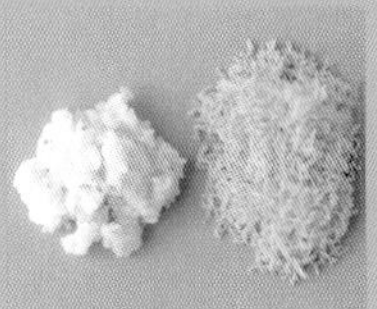

1 パーツを作る

ピンク花・黄花

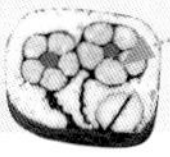

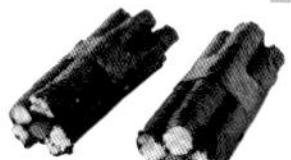

1 ピンク花はのり⅙で酢めし(ピンク)15gを、黄花はのり⅛で酢めし(黄)10gを各5本巻きます。

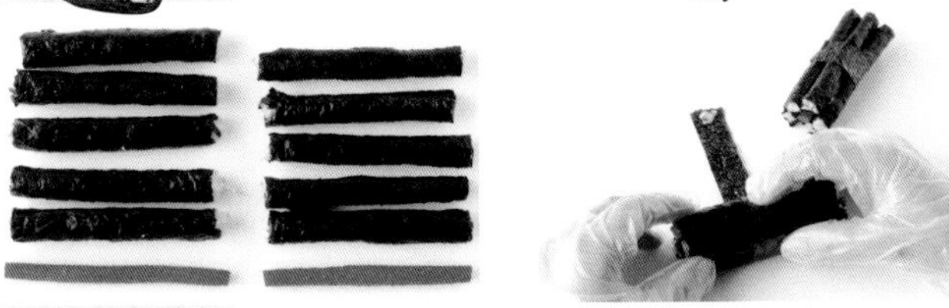

2 山ごぼうを花芯にして花を作り、のり2cm幅の帯でまとめておきます。

茎

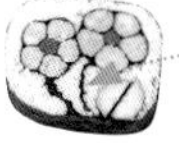

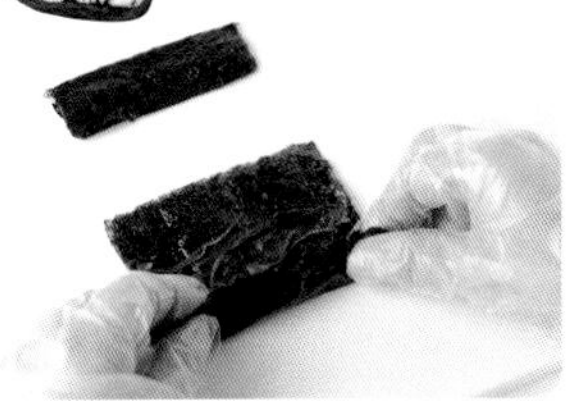

1 野沢菜は3cmと4cmに分け、のり各¼でその幅に巻きます。

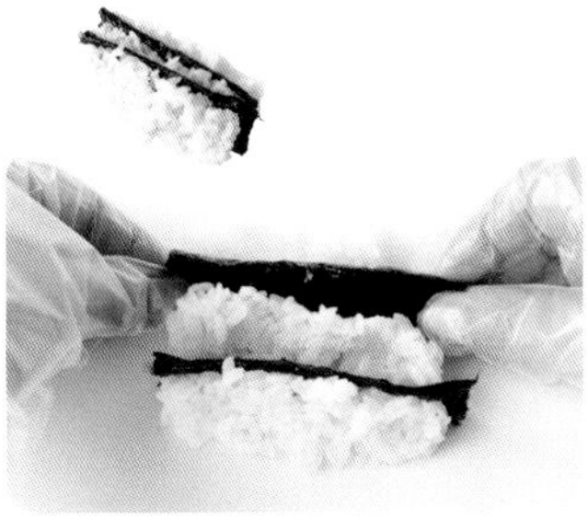

2 酢めし(白)20gで三角の山を作り(3本)、1をはさんで寄せておきます。

葉

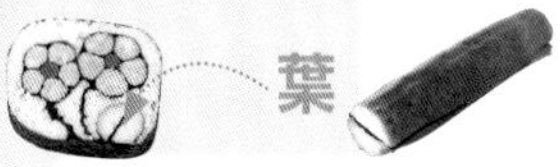

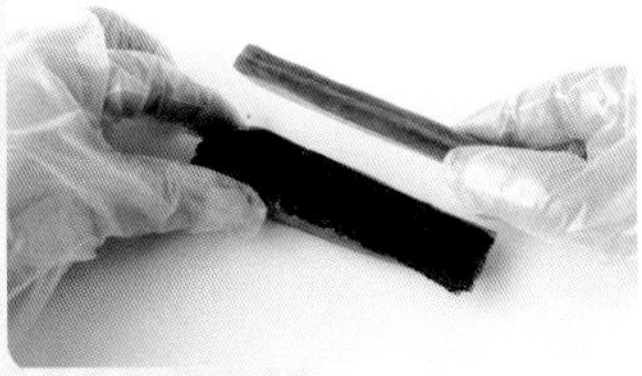

きゅうりは縦半分にカットし、のり⅛を半分に折ってはさみます。

2 組み立てて巻く

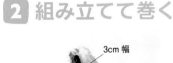

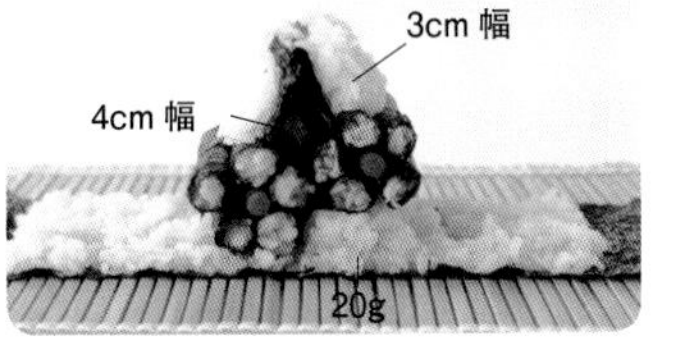
3cm 幅
4cm 幅
20g

1 のり½と¼をつなぎ、両端を3cmずつ残して酢めし(白)100gを広げます。中心に20gをのせ、その左にピンク花、上に黄花を置き、茎をのせます。

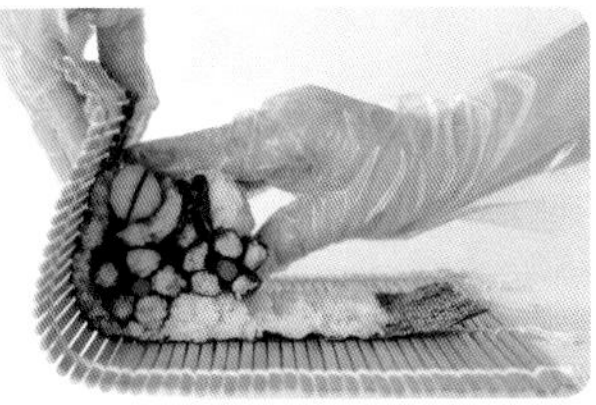

2 左のごはんの上に葉をのせたら巻きすを片方ずつかぶせ、とじます。

3 切る

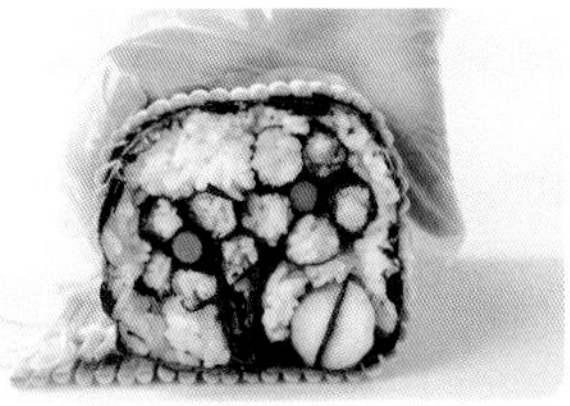

巻き終わりを下にして形を整え、4等分に切ります。

居眠りブタ

難易度 1
★ ★ ★

目を閉じて居眠り中のピンクのブタさん。
表情は目パーツの半円カーブや置き方で変わってきます。

★ ★ ★
PART 2
動物・いきもの
の巻きずし

/ Actual size \

材料 4切れ分

酢めし
酢めし(ピンク)…180g
　　(酢めし150g＋おぼろ30g)

具材・その他
魚肉ソーセージ(太/10cm)…1本[鼻]
のりパンチで抜いた鼻の穴…8枚

のり

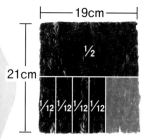

準備　酢めしは各分量に
　　　　　分けておきます。

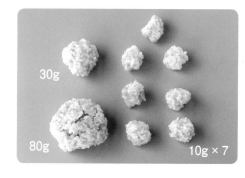

Ⅰ パーツを作る

　鼻

のり¼で魚肉ソーセージを巻きます。

　耳

酢めし10gで10cm長さの三角の山
を作り、半分に折ったのり1/12をか
ぶせて整えます(2本)。

　目

酢めし10gをのり1/12の中央に棒状
にのせ、左右からのりを沿わせて半
円に整えます(2本)。

2 組み立てて巻く

1

巻きすを横にしてのり½を置きます。両端を2cmずつ残して酢めし80gを均等に広げ、中央に鼻を置きます。

2
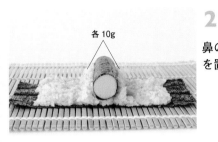
各10g

鼻の両側に酢めし各10gを置きます。

3

10g

鼻の中央に酢めし10gをのせ、両脇にのりを下にして目を置きます。

4

仕上げに酢めし30gを均等にのせてならします。

5

巻きすを手のひらにのせて丸めるように持ち、巻きすを片方ずつかぶせます。

▼

のりを重ね合わせてとじます。

3 切って仕上げる

1

巻きすの端にすしを移し、側面を押さえて平らにします。

2

ぬれぶきんで包丁を拭きながら、4等分に切ります。

3

耳2本をそれぞれ4等分に切り、ごはん部分を顔パーツののりにくっつけます。

4

鼻の穴ののりをつけます。

まだ眠いよ…

起こさないでネ

クマ

外側がのりではなく、ごはんになる巻きずし（裏巻き）は
ラップを使うと巻きすも汚さず、かんたんにできます。

/ Actual size \

材料 4切れ分

酢めし
酢めし（茶）…180g
　（酢めし180g＋かつおふりかけ大さじ1）

具材・その他
魚肉ソーセージ（太/10cm）…1本 [鼻&口]
チーズかまぼこ（10cm）…1本 [耳]
のりパンチで抜いた目…8枚
のりパンチで抜いた鼻&口…4枚

のり

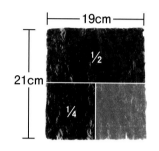

|← 19cm →|
21cm　½　¼

準備

酢めしは90gずつに分けておきます。
チーズかまぼこは縦半分に切っておきます。

90g × 2

Ⅰ パーツを作る

鼻&口

"裏巻きクマちゃん"と
呼んで！

▼

のり¼で魚肉ソーセージを巻きます。

Bear

2 組み立てて巻く

1
巻きすを横にしてのり½を置きます。全体に酢めし90gを均等に広げ、上からラップをかけます。

2
ラップごと裏返します（巻きすの上はラップ、酢めし、のりの順）。両端にチーズかまぼこを平らな面を下にして置き、それぞれ端からひと巻きします。

3
中央に鼻＆口パーツを置きます。

4
酢めし90gをのせ、鼻＆口パーツをおおいながら均等に広げ、両端の酢めしまでつなげます。

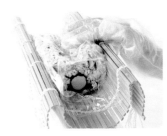

5
巻きすを手のひらにのせて丸めるように持ち、巻きすを左右から軽くしめながら指で両耳のあいだにくぼみをつけます。

6
巻きすの端にすしを移し、くぼみ部分に巻きすの端をたたみ入れ、巻きしめて形を整えます。

3 切って仕上げる

1
側面を押さえて平らにしてから、ラップごと4等分に切ります。

2
ラップをはずし、目、鼻＆口ののりをつけます。

かわいい動物・いきもの
大集合！

いっぱい作って
たくさん食べてネ！

ペンギン

黄色のくちばしとつぶらな瞳が命！
巻き上がりはコンパクトでかわいいお子さまサイズです。

Actual size

材料 4切れ分

酢めし
酢めし（白）…100g
酢めし（黒）…60g
（酢めし60g＋黒ごま大さじ1＋ゆかり小さじ½）

具材・その他
厚焼き卵…1×1.5×10cm[くちばし]
野沢菜漬け（葉/10cm）…2本[目]

のり

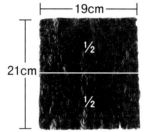
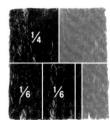

1cm 幅

準備 酢めしは各分量に分けておきます。

100g
30g×2

Ⅰ パーツを作る

 くちばし

 目

1 厚焼き卵の角を削り、断面がだ円の棒状にします。

2 縦半分に切ってのり1cm幅をはさみ、のり¼で巻きます。

野沢菜をのり⅙で巻きます（2本）。

ここがPoint!

できるだけ同じ太さの葉の部分を選びます。茎では色が薄いのでつぶらな瞳になりません。

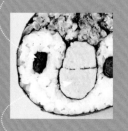

くちばしはできるだけ丸っこいだ円を目指すとかわいい！

2 組み立てて巻く

1 巻きすを横にしてのり½を置き、全体に酢めし(白)100gを均等に広げ、左右に目をのせます。

2 端からそれぞれひと巻きします。

3 巻きすを手のひらにのせて丸めるように持ち、中央にくちばしを置きます。

4 酢めし(黒)30gをくちばし上のくぼみを埋めながら均等にのせ、全体を丸くまとめます。

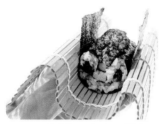

5 のり½の中央に顔をのせ、仕上げに酢めし(黒)30gを均等にのせます。

6 巻きすを片方ずつかぶせ、のりを重ね合わせてとじます。

3 切る

1 巻きすの端にすしを移し、頭が少しとがるように形を整えます。

2 側面を押さえて平らにします。

3 ぬれぶきんで包丁を拭きながら、4等分に切ります。

赤ちゃんペンギンの兄弟だよ!

表情がとってもキュートでしょ?

Penguin

パンダ

難易度 2 ★★★

笑顔のパンダはいつでもどこでも人気者！
黒目の位置で微妙に変わる表情が楽しめます。

Actual size

材料 4切れ分

酢めし

酢めし(白)…140g
酢めし(黒)…70g
　(酢めし65g ＋黒すりごま5g)

具材・その他

魚肉ソーセージ(太/10cm)…1本(縦半分)[口]
野沢菜漬け(10cm)…1本[鼻]
スティックチーズ(薄切り)…8枚[目玉]
のりパンチで抜いた黒目…8枚

のり

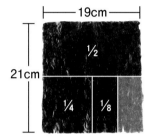

19cm / 21cm / ½ / ¼ / ⅛ / 8cm幅 / 7cm幅

準備　酢めしは各分量に分けておきます。

60g / 30g / 20g / 15g × 2 / 40g / 30g

I パーツを作る

 目

のり8cm幅に酢めし(黒)40g
を3cm幅に広げ、三つ折り
に巻いて半分に切ります。

 耳

のり7cm幅に酢めし(黒)30g
を棒状にのせ、丸く細く巻き
ます。

 鼻

のり⅛で野沢菜を巻きます。

 口

のり¼に切り口を上にして魚
肉ソーセージを置き、手前か
ら巻きます。

2 組み立てて巻く

1
巻きすを横にしてのり½を置きます。両端を2cmずつ残して酢めし(白)60gを均等に広げ、中央に15gをのせます。

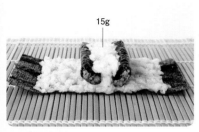

2
両側に目を逆ハの字に置き、あいだを埋めるように酢めし(白)15gをのせ、平らにならします。

3
中央に鼻を置きます。

4
酢めし(白)20gをかぶせて平らにならし、口を平らな方を下にして置きます。

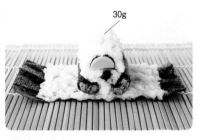

5
酢めし(白)30gをドーム型にのせて形を整えます。

6
巻きすを手のひらにのせて丸めるように持ち、巻きすを片方ずつかぶせ、のりを重ね合わせてとじます。

3 切って仕上げる

1
巻き終わりを下にして巻きすで形を整え、側面を押さえて平らにしてから4等分に切ります。

2
耳を8等分に切り、それぞれ2個ずつつけます。

3
目の上にチーズをのせ、黒目ののりをつけます。

かんたん Arrange!

パーツ作りや組み立てを少なく、かんたんにしてもこんなにかわいい!

居眠りブタ(➡P.26)の耳と同様に。

鼻と口をのりパンチで抜いたのりに。ソーセージ分として酢めし(白)20～30gを増量して組み立てましょう。

Giant Panda

男の子　　女の子

ウサギ

難易度 1 ★★★

顔の輪郭がのりではなく、ごはんになる巻きずし（裏巻き）。
ラップを使うと巻きすも汚さず、かんたんにできます。

材料 4切れ分

酢めし

酢めし（白）…175g

具材・その他

かにかまぼこ（10cm）…2本 [耳]
かんぴょうの煮物（10cm）…1本 [鼻]
黒ごま… 8粒 [目]

のり

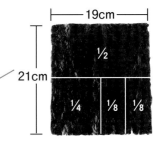

Actual size

準備

酢めしは各分量に
分けておきます。

100g
15g
30g × 2

① パーツを作る

鼻

のり1/8の手前にかんぴょうを
置きます。

手前からきつく巻いていきま
す。

口

のり1/8に酢めし15gを棒状に
のせ、丸く巻きます。

のりの一端を切り離さないよ
うに縦半分に切り広げます。

② 組み立てて巻く　順に積んでいきます！

1 のり1/2と1/4をつないで横にした巻
きすに置き、酢めし100gを均等に広
げて両端にかにかまぼこをのせます。

2 かにかまぼこを折りた
たむようにそれぞれ端
からひと巻きします。

3 上からラップをかけ、ラップごと持ち上げて裏返します。

4 酢めし30gを広げ、中央にのり面を下にして口、鼻を重ねます。

5 酢めし30gを棒状にのせます。

6 巻きすを手のひらにのせて丸めるように持ち、巻きすを左右から軽くしめながら中心でのりを合わせて耳を形作ります。

7 ラップの端をかけて、なじませておきます。

3 切って仕上げる

1 巻きすの端にすしを移し、指で耳のつけ根を押さえながら側面を平らにします。

ここがPoint!
縦長のもの、上部がくずれやすいものは、横に倒して切ると安定して切りやすい！

2 ラップごと4等分に切ります。

3 ラップをはずし、黒ごまの目をのせます。

Bunny Trio

山ごぼうの薄切りをのせた
オレンジほっぺがキュート！

コアラ

難易度 2 ★★★

黒くて大きい鼻、大きめの耳がかわいい!
シンプルな顔だけに、鼻と目のバランスが大切です。

Actual size

材料 4切れ分

酢めし
酢めし(茶)…190g
　(酢めし180g +白すりごま大さじ2+
　かつおふりかけ大さじ1)
酢めし(黒)…30g
　(酢めし30g +黒すりごま大さじ½)

具材・その他
野沢菜漬け(葉/10cm)…2本[目]
魚肉ソーセージ(細/10cm)…1本[耳]

のり

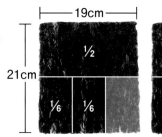
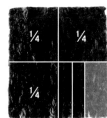

準備　酢めしは各分量に
　　　　分けておきます。

I パーツを作る

ここがPoint!
野沢菜は同じ太さの葉の部分
を選んで。黒い目にするため
に大きめののりで巻きます。

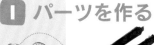
目

鼻

耳

のり⅙で野沢菜を巻きます
(2本)。

のり¼の中央に酢めし(黒)
30gをのせて山を作り、三角
に巻きます。

1 魚肉ソーセージを縦半分
にカットし、平らな方を下
にしてのり¼の中央に置
き、のり1/16をのせます。

2 酢めし(茶)20gをかぶせ
て半円に巻きます(2本)。

2 組み立てて巻く

1
巻きすを横にしてのり½を置き、両端を4cmずつ残して酢めし（茶）60gを均等に広げます。

2
中央に鼻を置きます。

各30g

3
鼻の両側に沿って酢めし（茶）各30gをのせます。

4
左右に目を置きます。

5
仕上げに鼻の上に酢めし（茶）30gをのせ、ドーム型に整えます。

6
巻きすを置いたまま、片方ずつのりをかぶせてとじます。

3 切って仕上げる

1
巻きすの端にすしを移して三角に形を整え、側面を押さえて平らにします。

2
ぬれぶきんで包丁を拭きながら、4等分に切ります。

3
耳2本をそれぞれ4等分に切り、左右につけます。

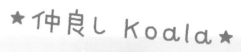

★仲良し Koala★

ユーカリ大好き！

37

ブサねこ

難易度 2 ★★★

ブサイクだけどかわいい猫、通称「ブサねこ」。
黒い目玉ののせ方で顔面相が楽しめます。

材料 4切れ分

酢めし

酢めし(白)…40g
酢めし(茶)…180g
　(酢めし165g＋かつおふりかけ15g)

具材・その他

チーズかまぼこ(10cm)…1本[目]
山ごぼう漬け…1本[鼻]

のり

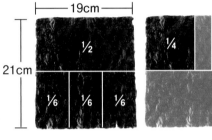

←19cm→
21cm
1/2　1/4　1/12 1/12
1/6 1/6 1/6

準備

酢めしは各分量に
分けておきます。

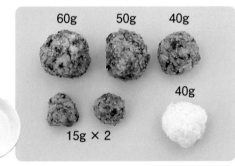

60g　50g　40g
15g × 2　40g

Actual size

＊のりの端材をの
りパンチで抜いた
目玉…8個

Ⅰ パーツを作る

目

チーズかまぼこは縦半分に切
り、それぞれのり 1/6 で巻きま
す(2本)。

鼻

のり 1/6 で山ごぼう漬けを巻き
ます。

耳

酢めし(茶)15gで
10cm長さの三角の
山を作り、半分に折
ったのり1/12をかぶ
せます(2本)。

口

のり 1/4 の手前に
酢めし(白)40gを
棒状にのせます。

手前から丸く巻き
ます。

のりの一端を切り
離さないように縦半
分に切り広げます。

38

2 組み立てて巻く 逆さに積んでいきます！

1 のり½を横にした巻きすに置き、両端を3cmずつ残して酢めし(茶)60gを均等に広げます。

2 1の中央に酢めし(茶)40gを4cm幅に置き、真ん中に鼻をのせます。

3 平らな方を下にして左右の目を並べます。

4 のり面を上にして口を置きます。

5 酢めし(茶)50gをこんもりとのせます。

6 巻きすを置いたまま、片方ずつのりをかぶせてとじます。

3 切って仕上げる

1 巻き終わりを下にして巻きすの端にすしを移し、側面を押さえて平らにします。

2 ぬれぶきんで包丁を拭きながら、4等分に切ります。

3 耳2本をそれぞれ4等分に切り、ごはん部分を頭部ののりにくっつけます。

4 目に目玉をのせ、表情をつけます。

俺たちニャめんなよ〜

フレンチブルドッグ

難易度2
★★★

黒×白のコントラストと口元の表情がポイントです。
ほほにのせる材料を変えて男の子と女の子が完成！

材料 4切れ分

酢めし
　酢めし(白)…120g
　酢めし(黒)…70g
　　(酢めし65g ＋黒すりごま3g＋のり佃煮2g)

Actual size

＊のりの端材をのりパンチで抜いた目玉…8個

準備

酢めしは各分量に分けておきます。

35g × 2　　30g　　20g

25g × 2　　10g × 2

パーツは共通、
1セットで
よいワン！

❶ パーツを作る

♠男の子　　♥女の子

鼻上 (白い部分)

酢めし(白)20gを上下のり1/16(2枚)ではさみます。

耳

魚肉ソーセージの底面を薄く切りとり(不要)、縦半分に切ります。

のり1/4の端にカーブ面を上にしてソーセージを置き、酢めし(黒)10gをかぶせて巻きます(2本)。

目

のり1/8でスティックチーズを巻きます(2本)。

鼻

のり1/8の手前にかんぴょう2本を重ねて置きます。

手前からきつく巻いていきます。

口

のり1/6に酢めし(白)30gを棒状にのせ、丸く巻きます。

のりの一端を切り離さないように縦半分に切り広げます。

具材・その他

魚肉ソーセージ(太/10cm)…1本 [耳]
スティックチーズ(10cm)…2本 [目]
かんぴょうの煮物(10cm)…2本 [鼻]
黒ごま、おぼろ…各少々 [ほほ]

のり

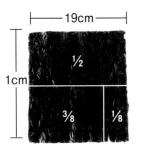

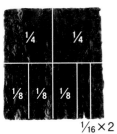

1/16 × 2

口まわり

1 のり3/8の中央に鼻をのせ、左右に酢めし(白)35gを2分割して棒状に置きます。

2 のり面を上にして口をのせます。

3 酢めし(白)35gをドーム型にかぶせます。

4 左右からのりを重ね合わせてとじます。

順に積んでいきます!

2 組み立てて巻く

1 のり1/2と1/8をつないで横にした巻きすに置き、中央に口まわりを置きます。

2 中央に鼻上をのせ、左右の目を配置します。

3 目をおおうように酢めし(黒)各25gをかぶせます。

4 巻きすを置いたまま、片方ずつのりをかぶせてとじます。

3 切って仕上げる

1 巻きすの端にすしを移し、側面を押さえて平らにしてから4等分に切ります。

2 耳2本をそれぞれ4等分に切り、向きに注意しながら2個ずつつけます。

3 目の上にのりの目玉をのせます。

4 ほほの部分に男の子は粒ごま、女の子はおぼろをバランスよくのせます。

お弁当に詰めるときは?

あとでつける耳などのとれやすいパーツを、パスタなど食べても安全な食材で固定しておきましょう。おかず類で巻きずしを支えるようにして、すき間なく詰めるのがコツです。

つける位置に竹串などで穴をあけます。

細めのパスタ(乾燥)をさしたパーツをさし込みます。

ゾウ

難易度 2 ★★★

大きな耳と少し曲がった鼻が特徴のピンクのゾウさん。
のりの黒目の位置でいろいろな表情が楽しめます。

/Actual size\

材料 4切れ分

酢めし
酢めし(ピンク)…350g
　(酢めし280g＋おぼろ70g)

具材・その他
魚肉ソーセージ(太/10cm)…1本 [耳]
魚肉ソーセージ(細/10cm)…2本 [ほほ]
スティックチーズ(10cm)…2本 [目]
のりパンチで抜いた黒目…8枚
のり(細切り)…12本 [鼻のライン]

のり

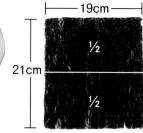
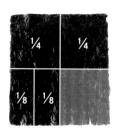

準備 酢めしは各分量に
分けておきます。

ここがPoint!
耳は大きすぎるくらいの方がゾウの
雰囲気が出るので、ややだ円に巻い
てもよいでしょう。のりが落ち着い
たら縦半分に切っておきます。

┃ パーツを作る

 目

 鼻

 耳

のり1/8でスティックチーズを
巻きます(2本)。

のり1/4の半分に酢めし40g
を広げ、二つ折りにします。

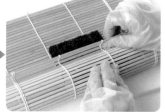

のり1/2の向こう端5cmを残して酢めし120gを広げ、手前5cm
のところに魚肉ソーセージ(太)を置いて丸く巻きます。

2 組み立てて巻く

1
のり½と¼をごはん数粒でつなぎ、横にした巻きすに置きます。のりの中央右に酢めし70gを棒状にのせ、魚肉ソーセージ(細)を埋め込むように置きます。

2
中央に、開いてる方を下にして鼻をやや傾けて置きます。

3
鼻の左側に酢めし40gを棒状にのせ、魚肉ソーセージ(細)を埋め込むように置き、左右のほほが同じ高さになるように調整します。

4
ほほのソーセージの上に左右の目をのせます。

5
酢めし80gは、左右のほほをカバーできる幅の板状にのばしてかぶせ、まわりとなじませて形を整えます。

6
巻きすを置いたまま、片方ずつのりをかぶせてとじます。

3 切って仕上げる

1
巻きすの端にすしを移し、側面を押さえて平らにしてから4等分に切ります。

2
耳を縦半分に切り、それぞれを4等分に切ります。

3
黒目ののりをのせ、鼻のラインを入れます。

かんたん Arrange!
目のスティックチーズとほほの魚肉ソーセージは巻き込まずに、切り分けたあとにスライスをのせると超かんたん! その分、酢めしを30g増量して形を整えましょう。

サル

難易度 3 ★★★

額のしわと顔のカーブが特徴。
仕上げでのせたのりでさらに愉快な表情が生まれます。

材料 4切れ分

酢めし
酢めし(白)…230g
酢めし(茶)…110g
　(酢めし100g＋かつおふりかけ大さじ2)

具材・その他
スティックチーズ(10cm)…2本[目]
山ごぼう漬け(10cm)…1本[鼻]
魚肉ソーセージ(細/10cm)…3本[耳・ほほ]
のりパンチで抜いた黒目…8枚

のり

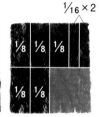

準備 酢めしは各分量に
分けておきます。

Actual size

I パーツを作る

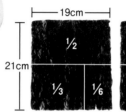

目
のり1/8でスティックチーズを巻きます(2本)。

耳

1 魚肉ソーセージを縦半分にカットし、平らな方を下にしてのり1/4の中央に置き、のり1/16をのせます。

2 酢めし(茶)25gをかぶせて半円に巻きます(2本)。

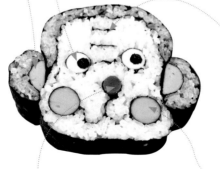

しわ

のり1/12を縦半分に折り、酢めし(白)10gをのせたものを3枚作り、重ねます。

鼻
のり1/8で山ごぼうを巻きます。

ほほ
のり1/8で魚肉ソーセージを巻きます(2本)。

2 組み立てて巻く

I
のり½と¼をつなぎ、横にした巻きすに置きます。両端を7cmずつ残して酢めし(茶)60gを均等に広げ、のり⅓をかぶせます。

各25g

2
中央にごはん部分を下にしてしわのパーツを置き、両側に酢めし(白)各25gを棒状にして高さをそろえるように置きます。

3
左右に目をのせます。

4
両目、しわのすき間を埋めるように酢めし(白)50gをかぶせ、全体がつながるように形を整えます。

各20g

5
中央に鼻を置き、両側に酢めし(白)20gで作った三角の山2本をのせます。

のり⅙

6
のり⅙を半分に折って山のあいだにさし込み、余った部分は外側に折り返し、両側にほほを置きます。

各20g

7
両側に酢めし(白)各20gをのせ、ソーセージを固定します。

8
巻きすを手のひらにのせ、両側の指がサルのほほの下にくるように持ち、ぎゅっとしめて顔のカーブをつけます。

9
仕上げに酢めし(白)20gを折り返したのりの上に薄くのばし、両側ののりを重ね合わせてとじます。

ここがPoint!
目とほほのあいだを巻きすの上から指でぎゅっとしめて、再度形を整えましょう。

3 切って仕上げる

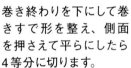

I
巻き終わりを下にして巻きすで形を整え、側面を押さえて平らにしたら4等分に切ります。

2
耳2本はそれぞれ4等分に切り、くぼんだあたりの左右につけ、黒目ののりをのせます。

キキッ！

ウッキー！

45

タヌキ

難易度 3 ★★★

目まわりの黒い部分の形をしっかりつけることがタヌキ顔成功の秘訣。頭にのった葉っぱのきゅうりはご愛嬌です。

デザイン：花巻子

材料 4切れ分

酢めし

酢めし（白）…120g
酢めし（茶）…140g
　（酢めし130g＋かつおふりかけ10g＋白すりごま少々）
酢めし（黒）…50g（酢めし50g＋黒すりごま小さじ1）

具材・その他

スティックチーズ（10cm）…2本［目］
山ごぼう漬け（10cm）…1本［鼻］
魚肉ソーセージ（細/10cm）…1本［耳］
きゅうり…10cm［葉］
のりパンチで抜いた黒目…8枚
のりパンチで抜いた口…4枚

のり

←19cm→				
1/2	1/4	1/4	1/3	1/6
1/2	1/8 1/8 1/8		1/3	

21cm

準備

酢めしは各分量に分けておきます。

80g　40g　10g×2　70g　40g　5g×2　50g

I パーツを作る

/ **Actual size** \

耳

1 縦半分に切った魚肉ソーセージをのり1/4の中央にのせ、酢めし（茶）10gをかぶせます。

2 両側からのりをかぶせてとじます（2本）。

鼻

のり1/8で山ごぼうを巻きます。

葉

きゅうりは中心部を切りとって除き、のり1/3の端をあいだにはさんでから周囲を巻きます。

目

のり1/8でスティックチーズを巻きます（2本）。

46

目・鼻まわり

1 のり⅓の全体に酢めし
（黒）50gを広げ、両端に
目を置きます。

2 それぞれ端からひと巻き
し、中央に山ごぼうをの
せます。

3 平らな面の中央に菜箸を
当てて押し、しっかりく
ぼみをつけます。

ここがPoint！

目のまわりの黒い部分は
菜箸などをしっかり当てて
くぼみをつけ、独特のカー
ブを形づくります。

 顔

1 のり½と⅙をつなぎ、横
にした巻きすに置きます。
酢めし（茶）80gは両端を
5cmずつ残し、中央を小さ
な山にして広げます。

2 山の部分にくぼみがくる
ように目・鼻まわりをの
せます。

3 仕上げに40gをのせ、巻
きすを片方ずつかぶせま
す。

4 のりを重ね合わせてとじ
て、顔が完成。

2 組み立てて巻く

1 のり½と⅓をつなぎ、横にした
巻きすに置きます。両端を4cm
ずつ残して酢めし（白）70gを均等
に広げ、顔を置いて耳をのせます。

各5g

2 顔の中央に葉をのせ、耳とのあ
いだを埋めるように酢めし（白）各
5gをのせます。

3 仕上げに酢めし（白）40gを両耳
の幅に広げてのせ、巻きすを置
いたまま片方ずつのりをかぶせて
とじます。

3 切って仕上げる

1 巻きすの端にすしを移
し、側面を押さえて平
らにします。

2 ぬれぶきんで包丁をふ
きながら、4等分に切
ります。

3 黒目と口ののりをつけ
ます。

のりパンチの種類によっていろい
ろな表情が楽しめます。

クジラ

難易度 2 ★★★

クジラのなだらかなラインとバランスがポイント。
形をイメージしながら作りましょう。

Actual size

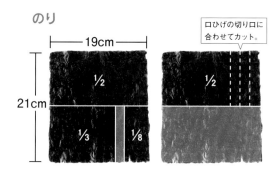

かんたん Arrange!

尾の形を変えても
かわいい!

I　パーツを作る

 目

のり⅛でスティックチーズを
巻きます。

 口ひげ

I　かまぼこを縦に4等分します。のり½をそれぞれの切り口の長さに合わせてカットし、はさみます。

ここがPoint!

かまぼこはメーカーによって大きさや厚みが違うので、バランスを考えて、サイズに合わせてのりをカットしましょう。

2　残りののりで全体を巻きます。

2 組み立てて巻く

1 のり½と⅓をつなぎ、巻きす を横にしてのりを置きます。左 から10cmのところに平らな方 を上にして口ひげを置き、そ の右側に酢めし20gを1.5cm 幅に置き、目をのせます。

2 目の右側に酢めし20gを 目の高さにそろえてのせ、 その右側に10gを1.5cm 幅に置きます（尾のつけ 根）。

3 酢めし30gで山を作り、 尾のつけ根の右側に置き ます（尾）。

ここがPoint!
頭、背中、尾のつけ根まで、 なめらかなラインが出る ように全体を整えます。

4 酢めし60gをドーム型に まとめて尾のつけ根まで かぶせ、形を整えます。

5 巻きすを置いたまま、右 側の巻きすを形に沿って かぶせます。

6 左側をかぶせ、のりを重 ね合わせてとじます。

3 切って仕上げる

1 巻きすの端にすしを移して全体の形 を整え、側面を押さえて平らにします。

2 ぬれぶきんで包丁を拭きながら、4等 分に切ります。

3 黒目ののりをつけます。

Whale

49

イルカ

口先から尾びれまでのなめらかなラインが決め手！
ピンクの酢めし部分の色を変えても楽しめます。

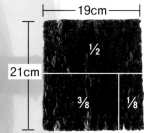

材料 4切れ分

酢めし
酢めし（白）…30g
酢めし（ピンク）…185g
　（酢めし155g＋おぼろ30g）

具材・その他
スティックチーズ（10cm）…1本［目］

のり
── 19cm ──
½	
¼	⅛	⅛
³⁄₈	⅛
21cm

準備　酢めしは各分量に分けておきます。

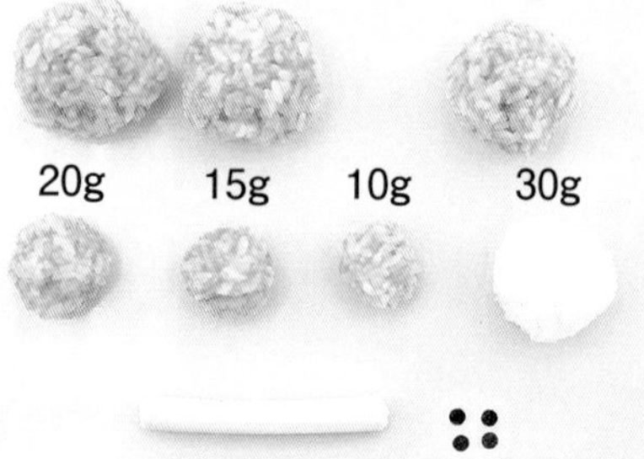

50g×2　　40g
20g　15g　10g　30g

*のりの端材をのりパンチで抜いた目玉…4個

I パーツを作る
口下（白い部分）

のり³⁄₈の向こう半分に酢めし（白）30gを6cm幅にのせます。

二つ折りにしてのりをとじ、薄いしずく形にします。

尾びれ

のり¼の中央に酢めし（ピンク）20gを4.5cm幅に広げます。

上下ののりを中央に向かって折ります（のりは重ねない）。

裏面に返し、V字になるように整えます。

背びれ

酢めし（ピンク）15gで10cm長さの三角の山を作ります。

のり⅛を縦半分に折ってかぶせます。

胸びれ

胸びれ
背びれ

背びれと同様に、酢めし（ピンク）10gで三角の山を作り、のり⅛をかぶせます。

目

のり⅛でスティックチーズを巻きます。

2 組み立てて巻く　横にして 順に 積んでいきます！

1 横にした巻きすのほぼ中央にとじた方を右にして口下を置き、真ん中よりやや左にのり1/2をのせます。

2 1の右端に酢めし（ピンク）40gを6cm幅に広げます。

3 2のほぼ中央に目を置きます。

4 3の左端（鼻先）から1cmあけて、酢めし50gを目の上にこんもりとのせます。

> **ここがPoint!**
> 巻きすに酢めしがくっつかないよう、巻きすとのりのあいだにラップをさし込んでから作業します。

> **ここがPoint!**
> 鼻先部分でいったん巻きすを押さえて、のりがしっかり形に沿うようにします。

5 のりの右端に酢めし50gを2〜3cm幅にのせ、腹から尾のつけ根までのラインを形作ります。

6 巻きすを置いたまま、左から形に沿ってのりをかぶせます。

7 すし本体を持ち上げ、余ったのりを胴体に沿わせて全体を巻きとじます。

3 切って仕上げる

1 巻きすに戻して形を整え、側面を押さえて平らにしてから4等分に切ります。

2 背びれ、胸びれ、尾びれをそれぞれ4等分に切ります。

3 バランスのよい位置にぐっと押しつけます。

4 目にのりの目玉をのせて、表情をつけます。

ほほに山ごぼうのスライスをのせ、垂れ目でにっこり！

きんぎょ  難易度 3 ★★★

うろこや尾、ひれもしっかりついたリアルなかわいさで、
今にも泳ぎ出しそうなカラフルきんぎょ。

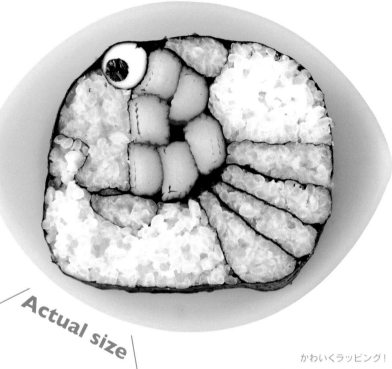

/ Actual size /

材料 4切れ分

酢めし

酢めし(白)…10g
酢めし(ピンク)…140g
　　(酢めし100g +おぼろ40g)
酢めし(緑)…140g
　　(酢めし110g +わさびとびこ30g)
　　※わさびとびこがない場合は、
　　　酢めし140g+ 青のり大さじ1+マヨネーズ少々

具材・その他

かにかまぼこ(10cm)…6本 [うろこ]
スティックチーズ(10cm)…1本 [目]
のりパンチで抜いた黒目…4枚

のり

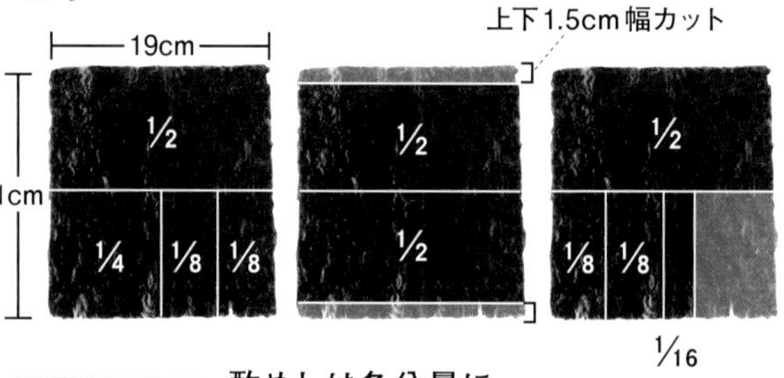

	← 19cm →	上下1.5cm幅カット
½	½	½
¼	⅛	⅛	½	⅛	⅛
21cm

1/16

準備　酢めしは各分量に分けておきます。

80g　60g
40g × 3
10g × 2　10g

かわいくラッピング！

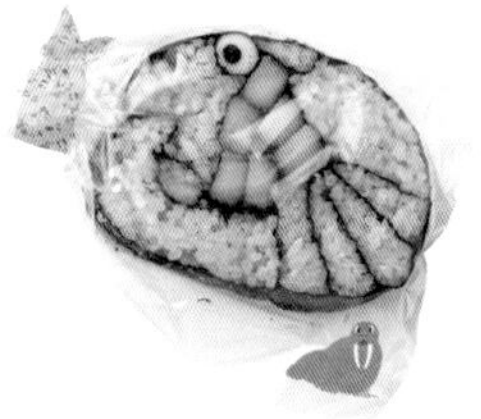

I パーツを作る

 尾びれ

1 のり½の端1.5cmを切り落として巻きすに横に置き、向こう半分に酢めし(ピンク)40gを広げ、二つ折りにします(2本)。

2 それぞれ半分に切って重ね、さらに4枚を重ね合わせてごはん側(つけ根)でぎゅっとまとめ、尾びれの形にします。

背びれ・腹びれ

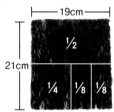

のり⅛に酢めし(ピンク)10gをのせ、二つ折りにします(2本)。

目

口

のり⅛でスティックチーズを巻きます。

のり1/16で棒状の酢めし(白)10gをはさんで二つ折りにします(のりはとじない)。

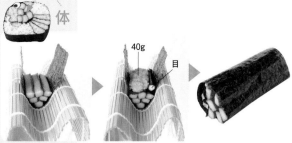

体

1　のり½を置いた巻きすを丸めるように持ち、うろこに見立てたかにかまぼこを写真のように重ね、のり⅛をのせます。右端に目を置き、高さをそろえて酢めし(ピンク)40gを均等にのせ、のりを重ね合わせてとじます。

2　のりが落ち着いたら、ごはん部分の口の位置に切り込みを入れます。

3　のりの部分を下にして口パーツをはさみ込んで、体が完成。

2 組み立てて巻く

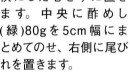

1　のり½と¼をつなぎ、横にした巻きすに置きます。中央に酢めし(緑)80gを5cm幅にまとめてのせ、右側に尾びれを置きます。

2　中央よりやや左に、とじ口を左にして腹びれを置きます。

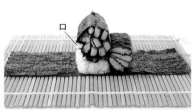

3　口が左横にくるような向きで体をのせます。

4　体の上やや右に背びれをのせ、尾びれと体のあいだを埋めるように酢めし(緑)60gをのせます。巻きすを置いたまま、片方ずつのりをかぶせてとじます。

3 切って仕上げる

1　巻き終わりを下にして巻きすで形を整え、側面を押さえて平らにします。

2　4等分に切り、目の上にのりをのせます。

プクプク

プクプク

Goldfish

53

メダカ

難易度 2 ★★★

背側はまっすぐ、おなかはふっくらのラインが
すいすい泳ぐかわいいメダカの特徴です。

Actual size

材料 4切れ分

酢めし
酢めし(白)…50g
酢めし(ピンク)…110g
　(酢めし90g＋おぼろ20g)
酢めし(赤)…50g
　(酢めし40g＋とびこ8g＋赤えび粉2g)

具材・その他
スティックチーズ(10cm)…1本[目]
スライスチーズ…1枚[えら・胸びれ]

のり

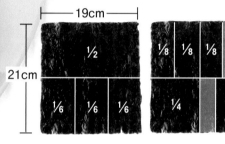

└─ 19cm ─┘

21cm

½		
⅙	⅙	⅙

⅛	⅛	⅛
¼		⅙

準備　酢めしは各分量に
　　　分けておきます。

50g　　50g

30g × 3　　　20g

＊のりの端材をのりパ
ンチで抜いた目玉…4個

I パーツを作る

目

えら

胸びれ

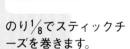

のり⅛でスティックチ
ーズを巻きます。

I スライスチーズを6cm
幅にカットします(残
りは胸びれに使用)。

2 のり⅙をのせて軽
く押し、フイルムか
らはがします。

I スライスチーズの残りを
縦半分にカットして重
ね、のり⅛にのせます。

2 手前から細く巻きま
す。

3 のり⅙に酢めし(ピンク)
20gを全面に広げ、2を
向こう側に置きます。

4 手前から二つ折りに
してのりをとじ、しず
く形にします。

尾びれ

I のり¼の中央に酢
めし(ピンク)30gを
4.5cm幅に広げます。

2 上下ののりを中央
に向かって折ります
(のりは重ねない)。

3 裏面に返し、V字に
なるように整えます。

2 組み立てて巻く　逆さに積んでいきます！

1 のり1/2と1/6をつないで横にした巻きすに置き、中央に酢めし(ピンク)30gを3cm幅にのせます。

2 中央に目をのせ、酢めし(ピンク)30gでこんもりおおい、ドーム型に整えます。

3 のり1/6をかぶせ、その上にえらを重ねます。

4 3の右側に酢めし(赤)50gを5cm幅に広げ、のり1/8を右寄りでかぶせます。

5 とじ目をさし込むように斜めに胸びれをのせます。

6 酢めし(白)50gをかぶせ、全体をドーム型に整えます。

7 巻きすを置いたまま、左側からのりをかぶせます。

8 右側をかぶせて全体をとじます。

3 切って仕上げる

1 巻き終わりを下にして巻きすの端にすしを移し、形を整えます。

2 側面を押さえて平らにしてから4等分に切ります。

3 尾びれを4等分に切り、ぐっと押しつけます。

4 目に目玉をのせます。

プクプク　プクプク

カラフル鳥

難易度 3 ★★★

くちばしや羽、尾など各パーツがとてもカラフル！
白い部分が鳥の輪郭をより美しく強調しています。

Actual size

材料 4切れ分

酢めし
酢めし（白）…60g
酢めし（黄）…150g
　（酢めし135g ＋錦糸卵15g）
酢めし（ピンク）…60g
　（酢めし50g ＋おぼろ10g）

具材・その他
スティックチーズ(10cm)…2本 [目]
魚肉ソーセージ（細/10cm)…1本 [くちばし]
ちくわ…1本 [羽]
きゅうり(10cm)…1本 [羽]
山ごぼう漬け…1本 [尾]

準備　酢めしは各分量に
　　　分けておきます。

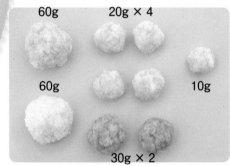

60g	20g × 4	
60g		10g
	30g × 2	

*のりの端材を
のりパンチで抜
いた目玉…8個

I　パーツを作る

顔

1 のり⅛でスティックチーズ
を巻きます（目/2本）。

2 魚肉ソーセージは2か所の面を
落として山形にし、のり⅛で巻
きます（くちばし）。

3 酢めし（黄）各20gを10cm長さの棒状にして並べます。くぼ
みに2のとがった方をさし込み、左右の目を置き、すき間に
酢めし（黄）10gを詰めます。

羽

尾

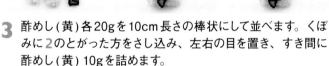

きゅうりは縦半分に切り（半分は不要）、
開いたちくわに入れて余分な部分は切り落
とし、のり¼で巻きます。

山ごぼうをのり⅛で
巻きます（つけ根）。

横長ののり¼の上
半面に酢めし（ピン
ク）30gを広げます。

巻きすの手前を持ち上
げ、ふたつ折りにしてし
ずく形に巻きます（2本)。

それぞれ半分に切り
ます（尾羽）。

のり

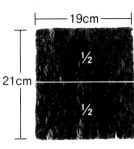

19cm

21cm

½
½

¼
¼
⅛	⅛	⅛	⅛

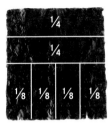

¼	¼

	⅙

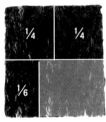

2 組み立てて巻く

横にして 順に 積んでいきます！

5cm

1 のり½と⅙をつないで横にした巻きすに置き、左端から5cmの位置に顔を横に倒して置きます。

2 酢めし（黄）60gを左側は高く、だんだん右側は低くなるように6cm幅に広げます。

20g

20g

3 2の中央に平らな方を上にして羽を置き、顔の左側（頭部用）と上部（ほほ）に酢めし（黄）各20gをのせます。

4 巻きすを手のひらに丸めるように持ち、片方ずつのりをかぶせて巻きとじ、先端を少し曲げます。

5 のり½と¼をつないで横にした巻きすに置き、中央に4を横に倒してのせます。

6 巻きすを手に持ち、まず尾パーツの尾羽2本とつけ根の山ごぼうをのせます。さらに2本をのせてバランスよい尾を形作り、左側に酢めし（白）60gをのせて全体をドーム形に整えます。

7 巻きすを片方ずつかぶせ、のりを重ね合わせてとじます。

3 切って仕上げる

1 巻きすの端にすしを移し、側面を押さえて平らにしてから4等分に切ります。

2 目の上に目玉をのせます。

Singing Birds

ピンク色のちくわを使えば、より色鮮やかでカラフルに！

ペンギンちゃん

のりで輪郭を巻いて愛らしい形を表現しています。
羽を自由な角度でつけてお茶目な動きを出しましょう！

Actual size

材料 4切れ分

酢めし

酢めし(白)…60g
酢めし(黒)…140g
　(酢めし135g＋黒すりごま3g
　＋のりの佃煮2g)

具材・その他

厚焼き卵(2×1.5×10cm)…2本 [足]
スティックチーズ(10cm)…2本 [目]
魚肉ソーセージ(細/10cm)…2本 [ほほ]
チーズかまぼこ(10cm)…1本 [くちばし]

準備
酢めしは各分量に
分けておきます。

80g　20g×3　60g

＊のりの端材をのりパンチ
で抜いた目玉…8個

目

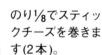

のり1/8でスティックチーズを巻きます(2本)。

くちばし

チーズかまぼこを縦半分に切り、1本を切り口を下にしてのり1/4の手前にのせます。

手前からひと巻きしたらもう1本を同様にのせます。

全体を巻きます。

1 パーツを作る

羽

のり1/6の上半分に酢めし(黒)20gを広げます。

二つ折りにしてのりをとじ、しずく形にします(2本)。

腹

のり1/4の中央に酢めし(白)60gをふんわり山形にのせます。

三角に巻きます。

足

厚焼き卵の上部2角を斜めに削ります。

のり1/4の手前2.5cmの位置に置きます。

手前から巻きます(2本)。

のり

19cm ← →
↕ 21cm

| ½ | |
| 1/4 | 1/4 |

| 1/4 | 1/4 |
| 1/4 | 1/8 1/8 |

| 1/6 | 1/6 |

のりの端材で作ろう！
トサカ

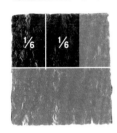

のり1/4の上下1cmを残して接着用のごはんをのばします。

中心を1.5cm高さの山折りにします。

左右は1cmの山折り。4等分し、ごはんで接着します。

---

2 組み立てて巻く

※逆さに積んでいきます！

1
のり½と1/4をつないで横にした巻きすに置き、両端を5cmずつ残して酢めし(黒)80gを広げます。

2
中央を指先でつまんで小さな山を作ります。

3
2の両側に目を置き、中央にくちばしをのせます。

4
左右にほほの魚肉ソーセージをのせ、酢めし(黒)20gをかぶせます。

5
平らな方を上にして腹、足を順に積みます。

6
巻きすを置いたまま、片方ずつのりをかぶせてとじます。

---

3 切って仕上げる

1
巻き終わりを下にして巻きすの端にすしを移し、巻きすでしめながら全体の形を整えます。

2
側面を押さえて平らにしてから4等分に切ります。

3
羽2本をそれぞれ4等分に切り、2個ずつぐっと押しつけます。

4
目の上にのりの目玉をのせて、表情をつけます。

よちよち歩きのペンギンちゃん、氷の上に大集合！

キャンディー

うず巻きにくるくる巻いてカットするだけ。
まるで本物のキャンディーのような作り方です。

材料 4切れ分

酢めし

酢めし(白)…100g
酢めし(ピンク)…120g
　(酢めし80g+おぼろ40g)

のり

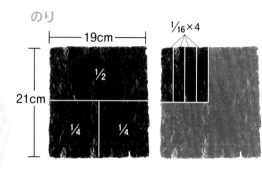

準備

酢めしは各分量に
分けておきます。

20g×6

20g×5

PART 3
子どもが喜ぶ
巻きずし

Actual size

I パーツを作る

うず巻き

1 巻きすにのり½を縦長に置き、手前から酢めしをピンク、白、ピンク、白、ピンクの順に3.5cm幅に広げ、向こう端1.5cmは残しておきます。

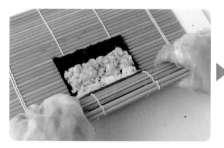

2 手前からくるくると巻いていきます。

のりが巻き込まれてうず巻き模様ができます。

縁

A B

1　のり各¼に酢めし20g
で作った三角の山を写真
のようにA[白、ピンク、
白]、B[ピンク、白、ピン
ク]の順に並べます。

2　のり1/16を半分に折って
山と山のあいだにさし込
みます(4か所)。

A B

3　のり¼の左右を内側に折り、端の山のごはん面に貼り
つけるようにして三角に整えます。

2 切って仕上げる

1　ぬれぶきんで包丁を拭き
ながら、それぞれ4等分
に切ります。

A B

2　縁パーツA、Bのごはん部
分をうず巻きパーツののり
にくっつけるようにしてキャ
ンディー形に仕上げます。

Let's Wrapping!

ひと切れでもかわいくラッピングすれば、小さなプ
レゼントやお土産に。OPP袋(クリアパック)など
の透明袋は手軽で、絵柄が見えて素敵です。

袋の口をあけ、菜箸にのせて奥に入れる
と袋が汚れません。口はかわいいマスキ
ングテープやリボンでとめましょう。

UFO ★★★

難易度 1

男の子が大好きなUFOはパーツも組み立ても
かんたんなので、新米ママでもきっと大丈夫!!

/ Actual size \

材料 4切れ分

酢めし
酢めし(白)…150g
酢めし(緑)…100g
　(酢めし100g＋青のり大さじ1＋マヨネーズ少々)

具材・その他
チーズかまぼこ(10cm)…2本 [車輪]
山ごぼう漬け(10cm)…3本 [窓]

のり

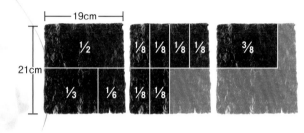

←19cm→						
1/2		1/8	1/8	1/8	1/8	3/8
1/3	1/6	1/8	1/8			

21cm

準備 酢めしは各分量に
分けておきます。

60g　40g　70g

40g　20g × 2

1 パーツを作る

…車輪

…窓

かんたん Arrange!

車輪と窓を2つにしたら自動車に早変わり。男
の子の好きな電車などにもアレンジ可能です。

下部

チーズかまぼこは縦半分に切り、のり 1/8 で巻きます(3本)。

のり 1/8 で山ごぼうを巻きます
(3本)。

のり 3/8 の中央に酢めし
(緑)60gを6cm幅に広げ、上
下ののりを合わせてとじます。

上部

機体

各20g

ここがPoint!

上部の左右に、酢めし各20gを下部の幅に合わせてすき間なく広げ、全体を四角く整えておくと巻き上がりがきれいです。

酢めし(緑)40gは少量を残してのり⅓の中央に4cm幅で置きます。窓3本をのせたら残しておいた酢めしでおおって半円に整え、のりを重ね合わせてとじます。

下部の中央に上部をのせ、左右に酢めし(白)各20gを均等に広げます。

② 組み立てて巻く

I
のり½と⅙をつなぎ、横にした巻きすに置きます。両端を4cmずつ残して酢めし(白)70gを均等に広げ、中央に機体を逆さまに置きます。

2
平らな方を下にして車輪3本を並べてのせます。

3
仕上げに酢めし(白)40gを均等にのせ、機体の酢めしをつなげてドーム型に整えます。

4
巻きすを片方ずつ置いたまま、のりを重ね合わせてとじます。

③ 切る

I
巻きすの端にすしを移し、側面を押さえて平らにします。

2
ぬれぶきんで包丁を拭きながら、4等分に切ります。

UFO

宇宙みたいに盛りつけ

消防車 ★★★
難易度 3

男の子の一押しは真っ赤なリアル消防車です。
ホースやはしごのパーツをきっちり作るのがコツ。

材料 4切れ分

酢めし

酢めし(白)…180g
酢めし(赤)…110g
（酢めし90g＋おぼろ15g＋赤えび粉5g）

具材・その他

スライスチーズ…2枚 [はじご・ホース]
厚焼き卵(3×1×10cm)…1本 [はしご]
チーズかまぼこ(10cm)…1本 [車輪]
かまぼこ(白)…1本 [フロントガラス]
とびこ…小さじ1 [サイレン]

Actual size

のり

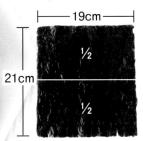
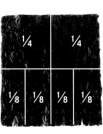

19cm / 21cm

½ ¼ ¼ 1cm×5 1/12 1/12
½ ⅛ ⅛ ⅛ ⅛ ¼

準備　酢めしは各分量に分けておきます。

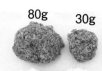

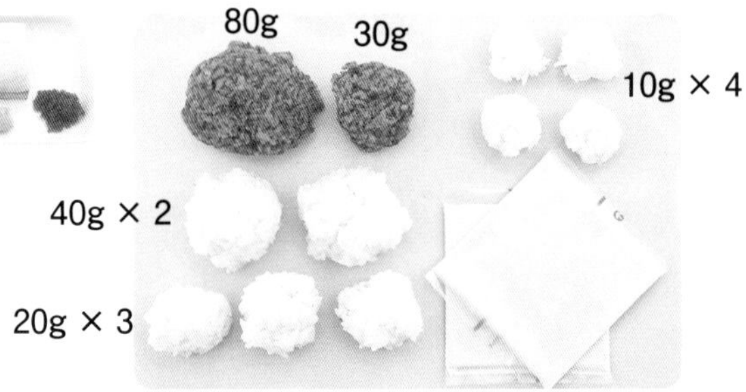

80g 30g 10g×4
40g×2 20g×3

Ｉ　パーツを作る

フロントガラス

はしご

車輪

かまぼこを縦半分に
切り(半分は不要)、
のり¼で巻きます。

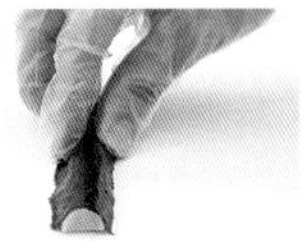

チーズかまぼこを縦半分にカットし、カーブ
面にのり1/12をかぶせます(2本)。

ホース

Ｉ　スライスチーズ
1枚は半分にカ
ットし、上下を
のり⅛ではさみ
ます(2枚)。

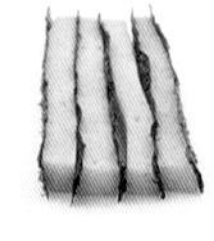

2　厚焼き卵の幅に3
か所切り込みを入
れて4等分し、そ
れぞれのり1cm幅
をはさみ、両端に
も貼りつけます。

3　2に1のチーズ
をのせ、両側に
酢めし(白) 10g
を棒状にして貼
りつけます。

4　包丁の刃先でひ
っくり返し、上
にもう1枚のチ
ーズをのせます。

スライスチーズ1枚にのり
¼をのせます。

裏返し、巻きやすくするた
めにチーズに軽く切り込み
を入れます。

手前からくるくると巻いて
いきます。

……車体

1 のり½を横に置き、左端から3cmのところから酢めし(赤)80gを7cm幅に広げます。

2 左端にフロントガラスを置き、右側に酢めし(赤)30gを高さを揃えてのせます。

3 左側ののりをフロントガラスに貼りつけます。

4 角をしっかりつけながら、右からのりを沿わせて巻きます。

2 組み立てて巻く

順に積んでいきます!

1 のり½と¼をつないで横にした巻きすに置き、中央に酢めし(白)20gを2cm幅にのせます。

各20g

2 1の左右にのり面を下にして車輪を置き、両側に酢めし(白)各20gを2cm幅にのせます。

各10g

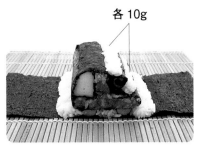

3 車体をのせ、ホースを置いて上部と右側に酢めし(白)各10gを補います。

4 バランスのよい位置に、斜めにはしごをセットします。

各40g

5 車体の前後に酢めし(白)各40gをのせ、全体をドーム型におおいます。

6 巻きすを置いたまま、片方ずつのりをかぶせてとじます。

3 切って仕上げる

1 巻きすの端にすしを移し、側面を押さえて平らにします。

2 4等分に切ります。

3 とびこをのせてサイレンを描きます。

いちご

難易度 1 ★★★

女の子が大喜びのピンクのいちごは
お弁当箱にも詰めやすい小さいサイズ。

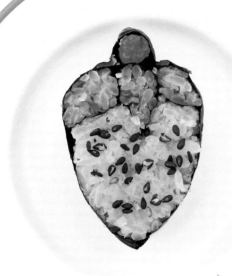

/ Actual size \

材料 4切れ分

酢めし
酢めし(ピンク)…80g
　(酢めし60g＋おぼろ20g)
酢めし(緑)…30g
　(酢めし30g＋青のり少々)

具材・その他
野沢菜漬け(茎/10cm)…1本[ヘタ先]
黒ごま…少々[種]

準備 酢めしは各分量に
分けておきます。

60g　10g×2

10g×3

逆さ に積んでいきます！

1 パーツを作る

ヘタ

のり1/8の上半分に酢めし
(緑)10gを広げます。

二つ折りにしてのりをとじ、
しずく形にします(3本)。

3 切って仕上げる

1 すしを安定のよい位
置で倒して4等分に切
ります。

2 ピンク部分に黒ごま適量
を押しつけて、いちごの
つぶつぶ(種)をつけます。

2 組み立てて巻き、さらに組み立てる

1 のり3/8を横にした巻きすに
置き、中央にヘタ3本を太
い方を下にして並べます。

2 すき間に酢めし(ピンク)各
10gを詰めます。

3 酢めし(ピンク)60gをこん
もり山形にのせます。

4 巻きすを置いたまま、片方
ずつのりをかぶせて三角にと
じます。

5 のり1/8の中央に野沢菜をの
せ、指先でつまんで細軸(ヘ
タ先)を作ります。

6 のばしたご飯でヘタの中央に
しっかり接着してなじませてお
きます。

さくらんぼ

難易度2 ★★★

V字にさし込んだのりで作る軸が自然な曲線となって
やさしげな雰囲気のさくらんぼができあがります。

材料 4切れ分

酢めし　　酢めし…230g

具材・その他　　魚肉ソーセージ（中太/10cm）
　　　　　　　　…2本 [実]
　　　　　　　　かんぴょうの煮もの（10cm）
　　　　　　　　…3cm幅分 [柄]

のり

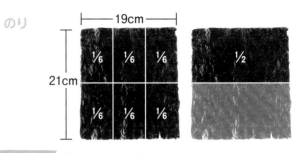

├── 19cm ──┤

21cm

| 1/6 | 1/6 | 1/6 | 1/2 |
| 1/6 | 1/6 | 1/6 | |

準備　　酢めしは各分量に分けておきます。

80g　　30g

40g×3

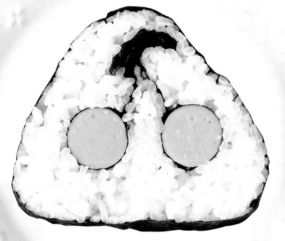

Actual size

1 パーツを作る

　実　　　柄

のり1/6で魚肉ソーセージを巻
きます。

のり1/6でかんぴょうを3cm幅
に巻きます。

2 組み立てて巻く

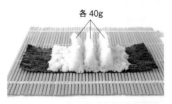

各40g

1　のり1/2と1/6をつなぎ、両端を
4cmずつ残して酢めし80gを均
等に広げ、中央に各40gで作っ
た三角の山を3本のせます。

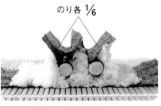

のり各1/6

2　くぼみ（谷）に実のソーセージ
を置き、のり1/6を半分に折っ
て上にのせます。

3 切る

3　のりを両端のごはんごと
中央に寄せ、のりをとじま
す。軸のできあがり。

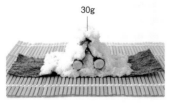

30g

4　中央に柄をのせ、上に仕上げ
の酢めし30gをのせてごはん
全体を三角に整えます。

5　巻きすを置いたまま、片方ず
つのりをかぶせてとじます。

巻きすの端にすしを移して三角
に整え、側面を押さえて平らにして
から4等分に切ります。

てるてる坊主 ★★★

運動会、遠足、楽しいお出かけの
お天気に願をかけて巻きましょう!

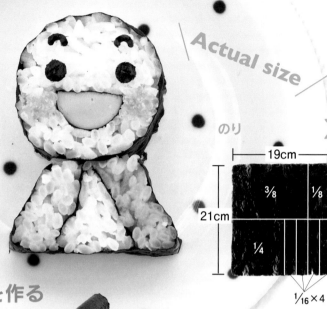

Actual size

材料 4切れ分

酢めし

酢めし(白)…120g
酢めし(ピンク)…20g
　(酢めし20g＋デコふり[ピンク]少々)
酢めし(緑)…20g
　(酢めし20g＋デコふり[緑]少々)

具材・その他

魚肉ソーセージ(中/10cm)…1本[口]
おぼろ…少々[ほほ]

のり

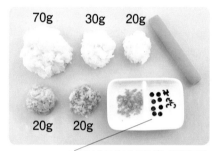

19cm

21cm

3/8	1/8
1/4	

1/16×4

▶ 準備　酢めしは各分量に分けておきます。

70g　30g　20g

20g　20g

＊のり(分量外)をのりパンチで抜いた
目玉、眉毛…各8個

---

1 パーツを作る

頭

1 魚肉ソーセージは縦半分に切り(半分は不要)、のり1/8で巻きます(口)。

胴体

 ▶  ▶  ▶

のり1/4の中央に酢めし(白)20gを三角の山形にのせます。

両側にそれぞれのり1/16を2枚ずつ重ねて添えます。

左側に酢めし(緑)、右側に(ピンク)各20gを添わせます。

左右ののりを酢めしに貼りつけ、全体を三角に整えます(上はとじ合わせない)。

2 巻きすにのり3/8を縦長に置き、中央に酢めし(白)70gを3cm幅にのせます。

3 1の口を平らの方を下にしてのせます。

4 酢めし(白)30gをこんもり重ねます。

5 酢めしを押さえながら巻きすの手前を持ち上げ、丸く巻きます。

---

2 切って仕上げる

  ▶  ▶

1 巻きすの端に頭を移し、側面を押さえて平らにしてから4等分に切ります。

2 胴体を4等分に切り、頭にぐっと押しつけてくっつけます。

3 眉と目をつけ、ほほにおぼろをのせます。

カッパ

難易度 2 ★★★

お茶目なカッパの巻きずしには
大好物のきゅうりが入っています!

材料 4切れ分

酢めし

酢めし(緑)…150g
（酢めし130g + わさびとびこ20g）

具材・その他

かまぼこ(白)…1本[皿]
魚肉ソーセージ(太/10cm)…1本[口]
きゅうり(10cm)…1本[髪]
かんぴょうの煮物(10cm)…2本[目]
黒ごま…少々[鼻]
おぼろ…少々[ほほ]

のり

├─ 19cm ─┤

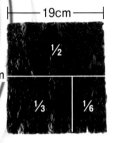
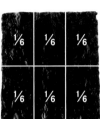

21cm

| ½ | | | ⅙ | ⅙ | ⅙ | ⅓ | |
| ⅓ | | ⅙ | | ⅙ | ⅙ | ⅙ | |

Actual size

1 パーツを作る

髪

きゅうりは縦半分
に切り(半分は不
要)、さらに4等分
してそれぞれのり⅙
で巻きます(4本)。

皿

かまぼこの角を落として頭部の皿の形に
整え、のり⅓で巻きます。

口

魚肉ソーセージは縦半分に切り(半分は不
要)、のり⅓の中央に置いて左右5mmず
つ縁をつけながら全体を巻きます。

目

のり⅙で
かんぴょう
を巻きます
(2本)。

準備

酢めしは各分量に分けておきます。

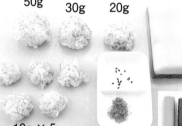

50g　30g　20g

10g × 5

3 切って仕上げる

1 巻き終わりを下にし
て巻きすで形を整
え、4等分に切ります。

2 黒ごまの鼻、ほほ
におぼろをのせま
す。

2 組み立てて巻く

逆さに積んでいきます!

1 のり½と⅙をつ
ないで横にした
巻きすに置き、
中央に皿を置き
ます。

2 髪4本をのせ、
くぼみ3か所を
それぞれ酢めし
10gで埋めます。

20g
10g　10g

3 中央に酢めし20g
をのせて左右に
目を置き、さら
に酢めし各10g
を沿わせます。

4 酢めし30gをこ
んもりとのせ、
カーブを上にし
て口を置きます。

5 酢めし50gをドー
ム型にのせて形
を整えたら、巻き
すを置いたまま片
方ずつのりをかぶ
せてとじます。

69

赤白帽 難易度2 ★★★

秋の運動会にぴったりのかわいい巻きずし。
1本から2色2柄が出るテクニックを使います。

材料 4切れ分

酢めし
酢めし(白)…40g
酢めし(赤)…40g
(酢めし35g +
　赤えび粉5g)
酢めし(黒)…20g
(酢めし18g
　+黒すりごま1g
　+のりの佃煮1g)

具材・その他
かまぼこ(白)
　…1本[顔]
スライスチーズ
　…1枚[赤白帽]
スティックチーズ(5cm)
　…1本[耳/男子]
山ごぼう漬け(薄切り)
　…4枚[ほほ/女子]

Actual size

I パーツを作る

赤白帽(共通)

1 のり¼の向こう側の
左半分に酢めし(白)
を3等分したもの
(⅓量)、右半分に
酢めし(赤)の⅓量
を広げます。

2 手前から二つ折りに
してのりをとじて、
しずく形にします(2
本)。

3 スライスチーズの端
¼を折り返して重
ね、のり¼をのせま
す。

4 のりごと裏返し、
のり端を折り重ね
ます。

5 4ののり面を上、チー
ズの重なり部分を右
にして置きます。左端に
2の1本を、赤を手前
にして斜めに立てます。

♠男子

♥女子

★赤白帽パーツは
手前に赤がくるよう
に解説しています。

耳

顔(共通)

スティックチーズを縦半
分に切り、1/16のりで巻
きます(2本)。

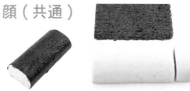

かまぼこはのり½の横
幅(約10cm)に合わせて
長さを切ります。

のり½で全体を巻きま
す。

6 手前半分に赤、後方
に白の酢めし(各⅓
量)を山形にのせます。

7 2のしずく形1本を右
側に沿わせ、全体を
帽子の形に整えます。

のり

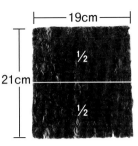

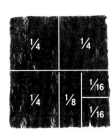

40g を 3 等分

40g を 3 等分

20g を 2 等分

酢めしは各分量に
分けておきます。

*のり(分量外)をのりパンチで抜いた目…8個、口…4個

2 組み立てて巻く　順に積んでいきます！

★手前に赤帽の女子が巻き上がるように解説しています。

I のり½と⅛をつないで横にした巻きすに置き、中央にカーブが下になるように顔をのせます。

2 手前(女子)は左右に酢めし(黒)20gを2等分して沿わせ、奥(男子)は耳を置きます。

3 手前に赤が見えるように赤白帽をのせます。

4 巻きすを置いたまま、形に沿うよう片方ずつのりをかぶせてとじます。

3 切って仕上げる

ここがPoint!

帽子のつばなどの凹凸部ののりがなじむよう、ぬれぶきんに包んで形を整えると仕上がりがきれい。

I 巻きすの端にすしを移して形を整えます。

2 包丁の刃先で4等分の印を軽くつけてから中央で2等分し、右半分を等分に切ります(男子2切れ)。

3 左半分を等分に切ります(女子2切れ)。

4

のりの目と口をのせ、女子のほほに山ごぼうをのせます。

赤勝て！　白勝て！

忍者＆くノー

難易度 3 ★★★

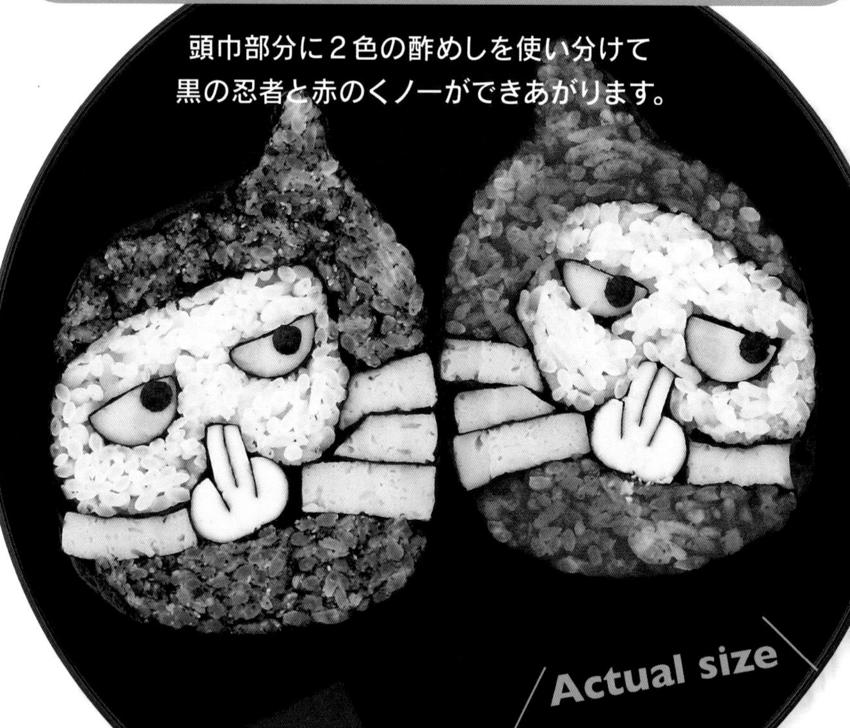

頭巾部分に２色の酢めしを使い分けて
黒の忍者と赤のくノーができあがります。
Actual size

材料 4切れ分

酢めし

酢めし(白)…100g
酢めし(赤)…75g
(酢めし70g+赤えび粉5g)
酢めし(黒)…75g
(酢めし70g ＋黒すりごま3g+のりの佃煮2g

具材・その他

チーズかまぼこ(10cm)…1本[目]
スライスチーズ…1枚[手]
スティックチーズ(10cm)…1本[手]
厚焼き卵(3×1.5×10cm)…1本[頭巾首部]
＊材料写真は厚さ1.5cmを3等分したもの。

のり

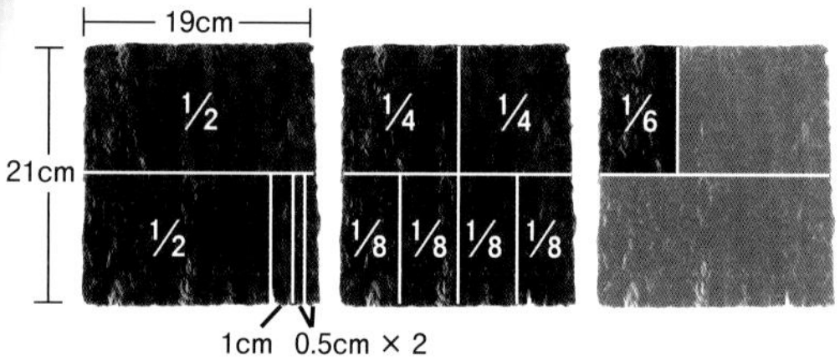

19cm
21cm
½
½
¼
¼
⅛
⅛
⅛
⅛
⅙
1cm
0.5cm × 2

準備 酢めしは各分量に分けておきます。

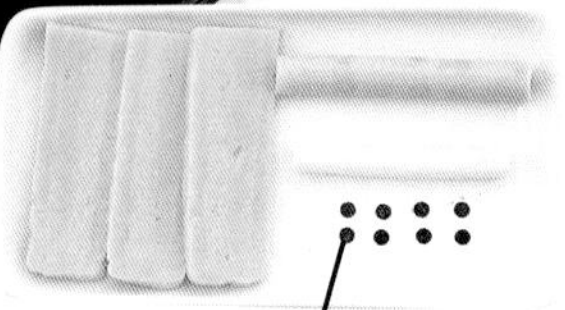

＊のりの端材をのりパンチで抜いた目玉…8個

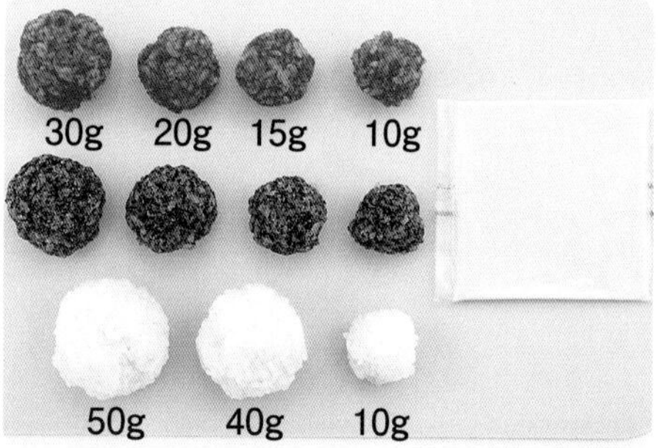

30g
20g
15g
10g
50g
40g
10g

1 パーツを作る

顔

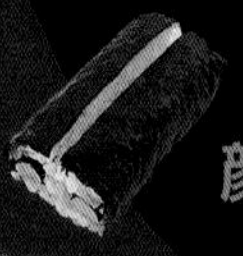

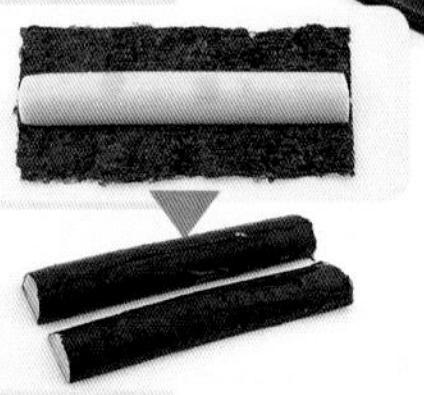

1 チーズかまぼこを縦半分に切り、それぞれをのり⅛で巻きます(目)。

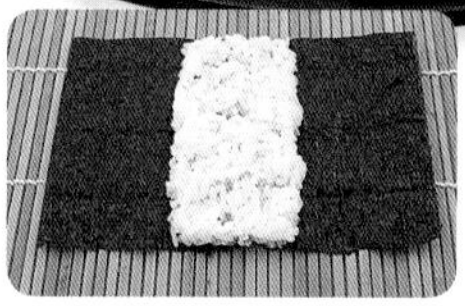

2 計2cmを切りとったのり½の中央に酢めし(白)40gを5cm幅に広げます。

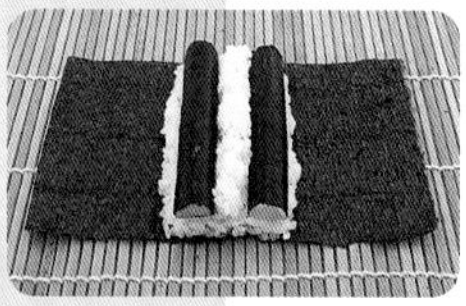

3 中心に酢めし(白)10g、左右に平らな方を下にして目をのせます。

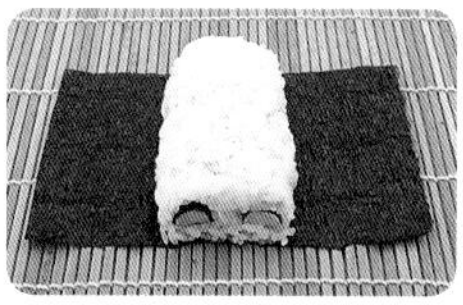

4 酢めし(白)50gをかぶせ、左右から巻きとじます。

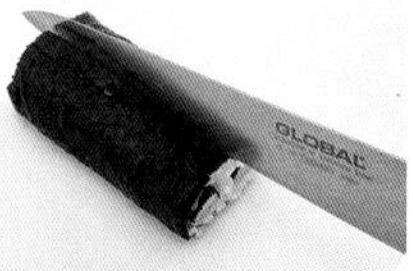

5 カーブ面中央に縦の切り込みを入れておきます。

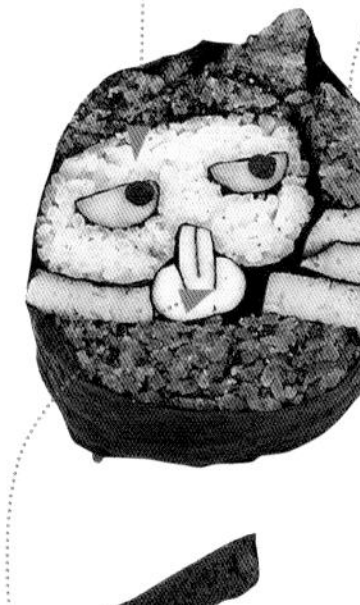

頭巾首部(黄)

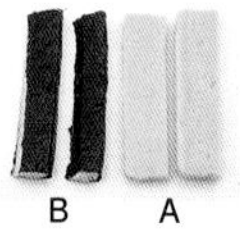

B
A

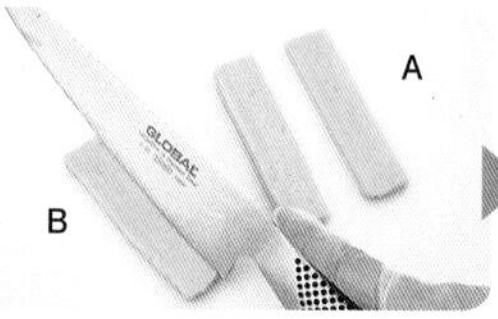

A
B

厚焼き卵は厚みを3等分に切り分けて0.5cm厚さにし、2枚は2cm幅にカットします(A)。

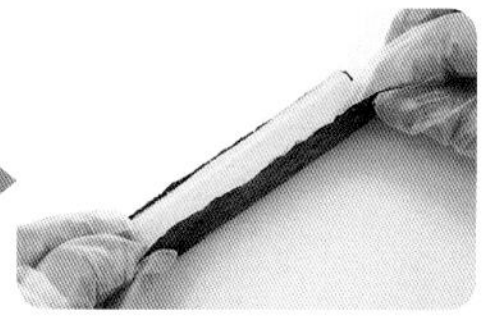

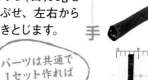

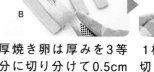

1枚は中心で斜めに切り分け、それぞれのり⅛で巻きます(B)。

手

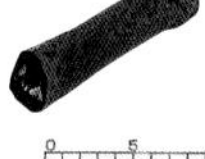

パーツは共通で1セット作ればよいのじゃ！忍!!

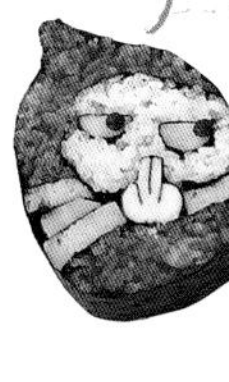

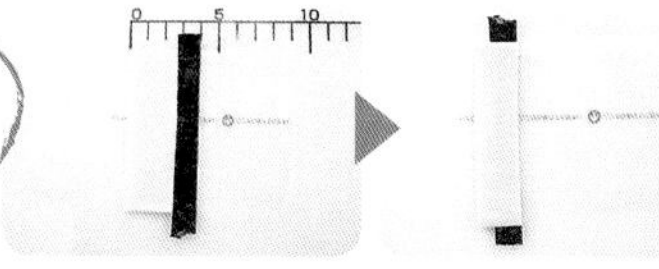

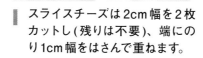

1 スライスチーズは2cm幅を2枚カットし(残りは不要)、端にのり1cm幅をはさんで重ねます。

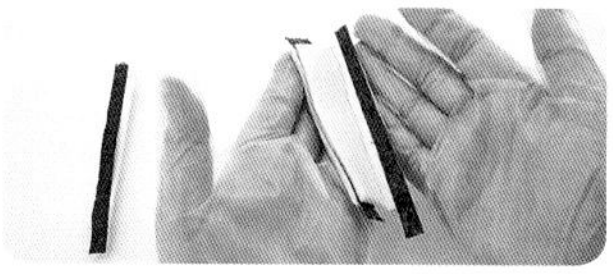

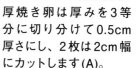

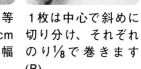

2 スティックチーズを縦半分に切り、それぞれのり0.5cm幅をはさみながら1の両側にくっつけます。

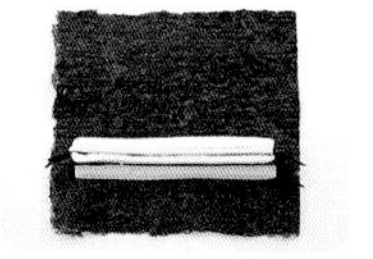

3 全体をのり¼で巻きます。

2 組み立てて巻く

順に積んでいきます！

★手前に黒の忍者が巻き上がるように解説しています。

1
のり½と¼をつないで横にした巻きすに置き、中央手前に酢めし（黒）、奥に（赤）各30gを6cm幅に広げます。

2
巻きすを中央がくぼむように手のひらに持ち、のり⅙をのせてから頭巾首部A、手、Aを並べます。

3
切り込み部分に2の手をさし込みながら顔をのせます。

4
右側にBを重ねて置き、手前に酢めし（黒）、奥に（赤）各10gをのせます。

> **ここがPoint!**
> 各酢めしを5cm長さの三角棒状に整えて準備しておきましょう。

5
顔の上を手前は酢めし（黒）、奥は（赤）各20gでおおいます。

6
手前は酢めし（黒）、奥は（赤）各15gで作った三角の山を右寄りにのせて頭巾のとんがり部分を作り、形を整えます。

7
右から巻きすで形に沿うようにのりをかぶせ、左を重ね合わせてとじます。

3 切って仕上げる

1
巻きすの端にすしを移し、とんがり部分をつまんで形を整え、側面を押さえて平らにします。

2
真ん中を切って2等分し、それぞれを半分に切って4等分にします。

3
目の上に目玉をのせます。

忍法、ドロンの術…

フクロウ 難易度3 ★★★

「福来郎」「福籠」「不苦労」という当て字も使われる縁起の良いもの。
大きく見開いた目が愛らしく、恵方巻きとしても人気最強です。

デザイン：花巻子

開運招福

★★★
PART 4
縁起もの
巻きずし

材料 4切れ分

酢めし
酢めし（白）…140g
酢めし（茶）…110g
　（酢めし100g＋かつおふりかけ10g）
酢めし（黒）…10g
　（酢めし10g＋黒すりごま少々）

具材・その他
ちくわ…2本［目］
黒豆の煮物…8粒［目玉］
厚焼き卵（2×0.5×10cm）…1本［くちばし］

のり

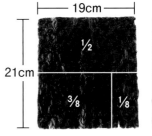

19cm
21cm
½　¼　¼
⅜　⅛　¼　¼

準備 酢めしは各分量に分けておきます。

80g　50g　10g
45g×2　20g　10g

Actual size

＊のり（分量外）
細切りの眉…8個

＊のり（分量外）を
のりパンチで抜いた
胸の模様…16個

I パーツを作る

目
羽
くちばし

のり¼でちくわを巻きます（2本）。

断面が1.5cm幅のだ円になるように面取りします。

のり⅛で巻きます。

のり¼の左端を2cmあけて酢めし（茶）45gを4cm幅にこんもりのせます。

左右からのりを合わせ、薄いだ円に整えます。

のりの合わせ目（左から約⅓の位置）に包丁を入れ、のりの一端を切り離さないように縦半分に切り広げます（2本）。

2 組み立てて巻く

 逆さに積んでいきます！

1
のり½と⅜をつないで横にした巻きすに置き、両端を7cm残して酢めし(白)80gを均等に広げます。

10g

2
中央に酢めし(白)10gを3cm幅にのせ、左右の目を置きます。

3
目のあいだにくちばしをはさみ込み、酢めし(白)50gを目の幅にかぶせます。

4
1の酢めしの両端に羽の大きい方を縁側にして、外側に大きく傾けてのせます。

5
巻きすを置いたまま、左右ののりを巻きすごと垂直まで持ち上げ、左右から押してしめます。

6
巻きすを手のひらに丸めるように持ち、羽のあいだに酢めし(茶)20gを詰め、茶より狭い幅で(黒)10gをのせます。

7
左、右の順でのりをかぶせて巻きとじます。

3 切って仕上げる

1
巻き終わりを下にして巻きすの端にすしを移し、側面を押さえて平らにします。

2
4等分に切ります。

ここがPoint！
大きく見開いた目玉が飛び出している感じに仕上げましょう。

3
眉と胸の模様をのせ、ちくわの穴に黒豆を入れます。

招き猫

難易度 3 ★★★

片前足で手招きのポーズをし、福を呼ぶといわれる縁起もの。
幸せを呼ぶラッキーキャットを巻いてみましょう！

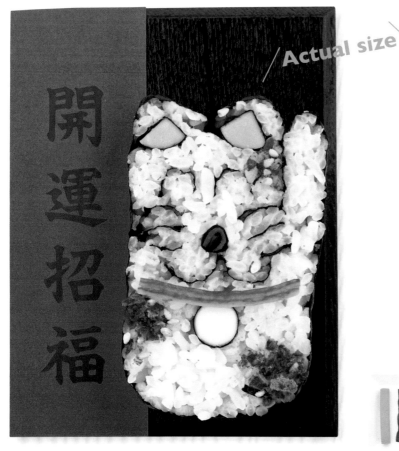

Actual size

材料 4切れ分

酢めし
酢めし(白)…270g

具材・その他
スティックチーズ(10cm)…1本 [鈴]
かんぴょうの煮物(10cm)…1本 [鼻]
魚肉ソーセージ (中/10cm)…1本 [耳]
かにかまぼこ(4〜5cm)…1本 [首輪]
かつおふりかけ…少々 [ブチ模様]

のり

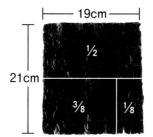

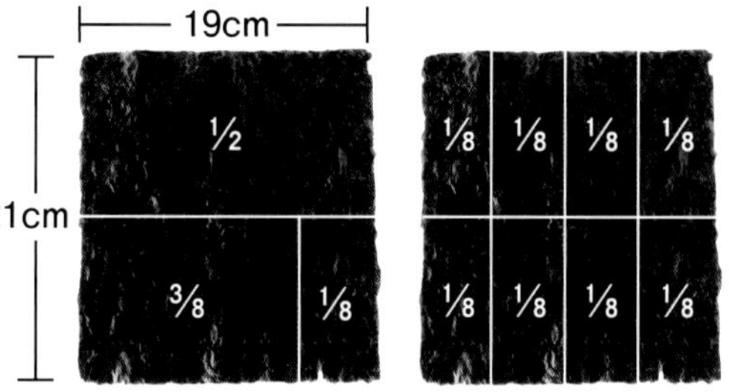

19cm

21cm

| ½ | ⅛ | ⅛ | ⅛ | ⅛ |
| ³⁄₈ | ⅛ | ⅛ | ⅛ | ⅛ | ⅛ |

準備　酢めしは各分量に
　　　分けておきます。

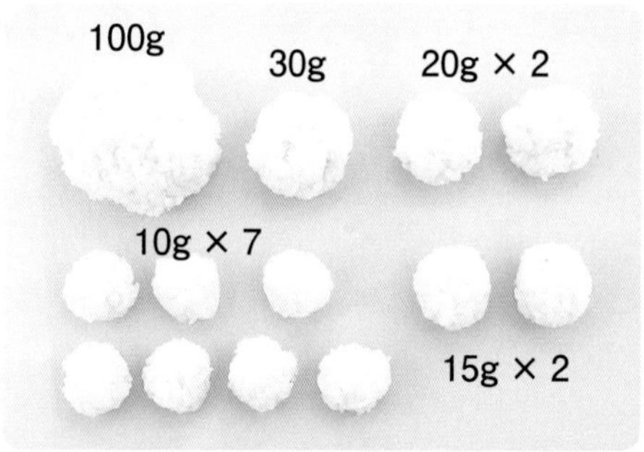

100g　　30g　　20g × 2

10g × 7

15g × 2

I パーツを作る

目
のり⅛に酢めし 
15gを棒状にのせ
て丸く巻き、縦半
分に切り分けます。

鼻 
のり⅛でかんぴょ
うを巻きます。

口 
のり⅛で酢めし15g
を丸く巻き、切り離さ
ないように縦半分に
切り広げます。

耳

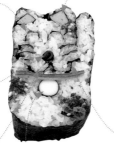

鈴

ひげ

魚肉ソーセージを
縦半分に切り(半分
は不要)、さらに2
等分します。

それぞれのり⅛で
巻きます。

とがった部分を上
にして、薄く伸ばし
た酢めし10gを2辺
にかぶせます(2本)。

のり⅛でスティック
チーズを巻きます。

のり⅛に接着用のごは
ん粒をのばし広げ、半
分に折ります(3枚)。

酢めし各10gを
あいだにはさみ
ます。

縦半分に切り
ます。

2 組み立てて巻く 順に積んでいきます！

1 のり½と⅜をつないで横にした巻きすに置き、のりの右端に酢めし20gを4cm幅にのせます。

2 右端を内側に折り返します（手）。のりのつなぎ目の上に酢めし100gを5cm幅にのせ、中央に鈴を埋め込みます。

3 酢めし20g、のり面を下にした口、鼻を順に重ねます。

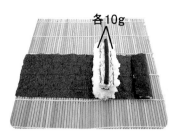

各10g

4 左右に酢めし各10gをのせます。

5 ひげを置き、中央に酢めし10gをのせます。

6 バランスよく左右の目を配置します。

7 酢めし30gで均一におおいます。

8 とがった部分を上にして左右の耳をのせます。

9 左端ののり裏に接着用のごはん数粒をつけてのばします。

10 左から形に沿ってのりをかぶせます。

11 巻きすを置いたまま右側を持ち上げ、手の部分をしっかり押さえて巻きとじ、形を整えます。

3 切って仕上げる

1 巻きすの端にすしを移し、側面を押さえて平らにしてから横に倒して4等分に切ります。

2 かつおふりかけでブチ模様を描きます。

3 細く裂いたかにかまぼこを鈴の上部にのせます。

海原冨士

難易度3 ★★★

海原に、昇る朝日を浴びて輝く富士山。
世界遺産の風景を巻きずしで表現しています。

デザイン：花巻子

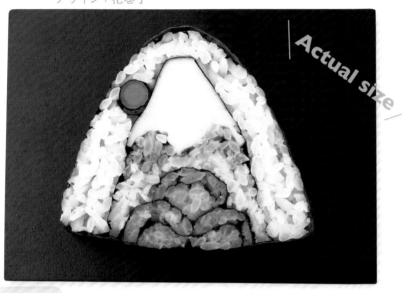

Actual size

材料 4切れ分

酢めし

酢めし(白)…100g
酢めし(青)…40g
　(酢めし36g＋デコふり[青]4g)
酢めし(緑)…20g
　(酢めし20g＋青のり少々)
酢めし(黄)…20g
　(酢めし15g＋錦糸卵5g)

具材・その他

かまぼこ(白)…1本[冠雪]
山ごぼう漬け(10cm)…1本[太陽]

のり

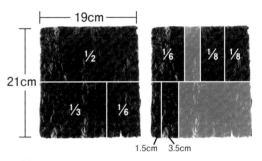

19cm

21cm

| 1/2 | 1/6 | 1/8 | 1/8 |
| 1/3 | 1/6 | | |

1.5cm 　3.5cm

I パーツを作る

海原

のり1/8に酢めし(青)10gを
棒状にのせて丸く巻きます。

準備　酢めしは各分量に分けておきます。

100g
20g
10g × 2
15g　10g　8g　7g

2 のり1/6の向こう側1cmを残し
て酢めし(青)15gを広げます。

3 Iを手前にのせ、手前から丸く巻きます。

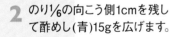

4 のりの一端を切り離さないよ
うに縦半分に切り広げます。

5 のり面を上にして、すき間
に酢めし(青)7gを詰めます。

6 のり3.5cm幅に酢めし
(青)8gを広げ、中央にのり
1.5cm幅をのせます。

7 5に、のり1.5cm面を下に
した6を山形にかぶせます。

太陽

のり⅛で山ごぼうを巻きます。

冠雪

頂上

頂上5〜7mm幅を残すように、左右を逆ハの字に切り落とします。

雪と山肌との境目をイメージして、左右2か所ギザギザの三角を切りとり、凹凸をつけます。

2 組み立てて巻く

順に積んでいきます！

1

のり½と⅙をつないで横にした巻きすに置き、中央に海原をのせ、酢めし（黄）各10gをかぶせます。

2

酢めし（緑）20gをのせ、中央を少しくぼませておきます。

3

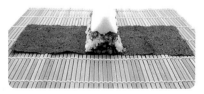

中央に冠雪をのせます。

4

上中心からのり⅓をかぶせ、左右は下ののりと重ねてなじませます。

5

左上に太陽が位置するように、酢めし（白）100gの一部で土台として支えます。

残りを左右の山肌に沿うようにのせ、全体の形を整えます。

6

巻きすを置いたまま、片方ずつのりをかぶせてとじます。

3 切る

1

巻きすの端にすしを移し、側面を押さえて平らにします。

2

4等分に切ります。

「祭」山車 <ruby>山車<rt>だし</rt></ruby>

難易度3 ★★★

のりで巻いたチーズと厚焼き卵で「祭」の文字を描きます。
複雑そうに見えても、順を追って組み立てていけば大丈夫！

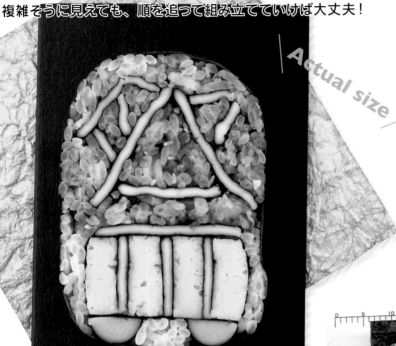

Actual size

材料 4切れ分

酢めし

酢めし(白)…30g
酢めし(緑)…85g
　(酢めし85g +青のり大さじ1+マヨネーズ少)
酢めし(茶)…60g
　(酢めし55g +かつおふりかけ5g)

具材・その他

スライスチーズ…4枚 [文字ライン]
厚焼き卵(3×2×10cm)…1本 [台座]
魚肉ソーセージ (細/10cm)…1本 [車輪]

のり

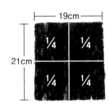 

19cm
21cm
1/4 | 1/4 | 1/2 | 1/4 | 1/16 × 4
1/4 | 1/4 | 1/6 | 1/6 | 1/6 | 1/8 | 1/8 | 1/8 | 1/8

準備 酢めしは各分量に分けておきます。

40g　15g×2　5g×3
30g×2
10g×3

	チーズ幅	のりサイズ	枚数
a	4cm	1/4のり	3
b	3cm	1/6のり	2
c	2cm	1/8のり	4
d	1cm	1/16のり	2

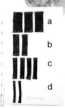

a
b
c
d

文字のライン用にスライスチーズを切り分け、各サイズののりではさんでおきます。

1 パーツを作る

屋根左(夕)

車輪

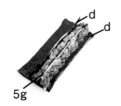

d
d
5g

1 チーズbの右端から1cmの部分に、下面ののりを切り離さないように縦に切り込みを入れます。

2 aの右端に酢めし(緑)5gを5mm幅でのせます。

3 d、5g、dを順にのせます。

4 1をかぶせ、酢めし(緑)15gを足して形を整えます。

魚肉ソーセージは縦半分に切り、カーブ面にそれぞれのり1/16をかぶせておきます。

台座（示）

屋根右（又）

厚焼き卵の幅3cmを4等分し、あいだにそれぞれチーズcをはさみます。

のり¼と⅙をつないで全体を巻きます。

| チーズcの中心に、下面ののりを切り離さないように縦に切り込みを入れます。

2 aの左端に酢めし（緑）5gを三角にのせます。

3 |をかぶせ、酢めし（緑）15gを足して形を整えます。

2 組み立てて巻く

順に積んでいきます！

| のり½と¼をつないで横にした巻きすに置きます。中心に酢めし（白）10gを1.5cm幅にのせ、両側にのり面を下にして車輪を並べます。

2 台座をのせ、チーズaを重ねます。

3 酢めし（茶）30gを広げ、チーズbをのせます。

4 酢めし（茶）30gを三角の山形に置き、高さを揃えて左右の屋根をのせます。

ここがPoint!
全体のバランスも含めて組み立てたパーツにズレがないか、のりをとじる前に必ず確認しましょう。できれば、すしの真正面に自分の目の高さを合わせてチェックします。

5 上部を酢めし（緑）40gでおおいます。

6 台座の左右に酢めし（白）各10gを足して全体の形を整えます。

7 巻きすを置いたまま、片方ずつのりをかぶせてとじます。

3 切る

ここがPoint!
左右対称でない文字は、そのまま切ると端のひと切れのきれいな面は鏡文字になってしまいます。正しく読める方の端を少し落としてから等分に切ると無駄がありません。

| 巻きすの端にすしを移し、側面を押さえて平らにします。

2 正しく文字が見える方の端を少し切り落とします。

3 端から4等分に切ります。

舞妓さん

難易度 2 ★★★

伏し目がちの表情、かわいいおちょぼ口、
結った髪やかんざしもしっかり巻き込みます。

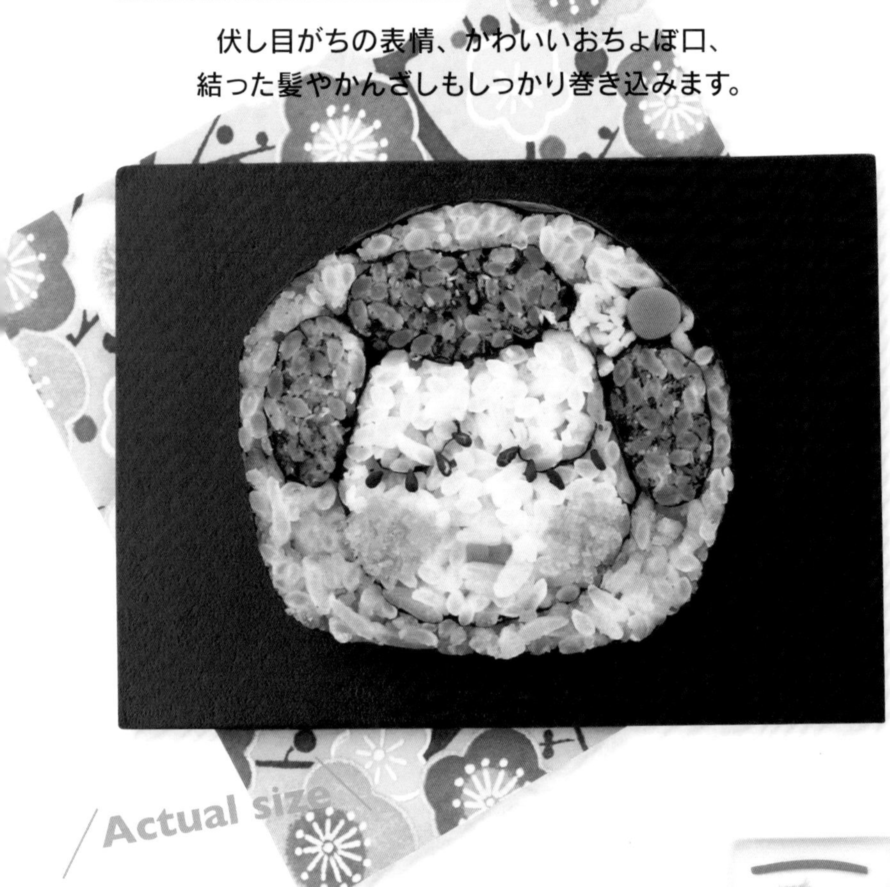
Actual size

材料 4切れ分

酢めし

酢めし(白)…95g
酢めし(ピンク)…100g
(酢めし80g＋おぼろ20g)
酢めし(黒)…70g
(酢めし60g＋黒すりごま8g+のりの佃煮2g)

具材・その他

山ごぼう漬け(10cm)…1本[かんざし]
錦糸卵…2～3g[かんざし]
紅しょうが…少々[口]
黒ごま…少々[まつげ]
おぼろ…少々[ほほ]

のり

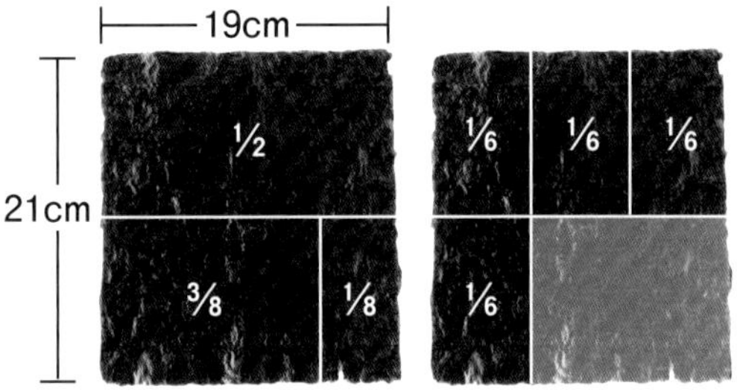
19cm
21cm
½
⅜
⅛
⅙
⅙
⅙
⅙

準備 酢めしは各分量に分けておきます。

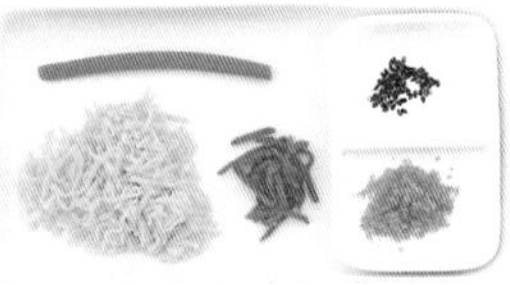

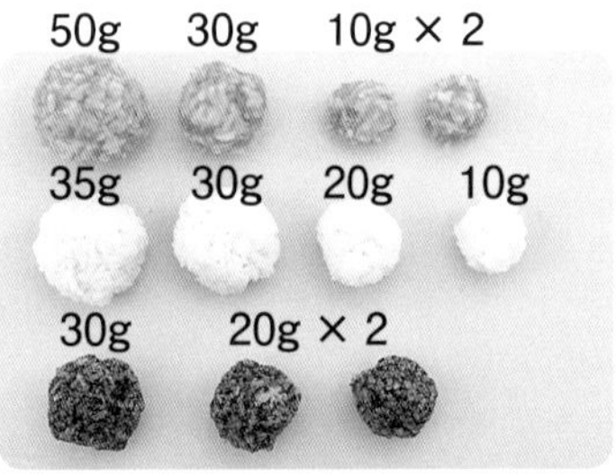
50g
30g
10g × 2
35g
30g
20g
10g
30g
20g × 2

1 パーツを作る

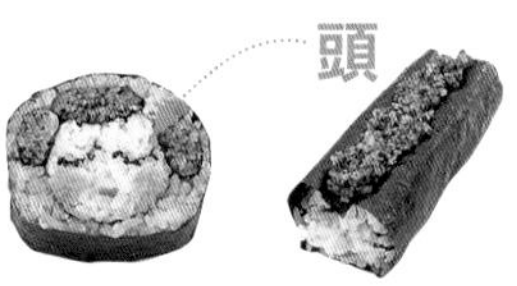
頭

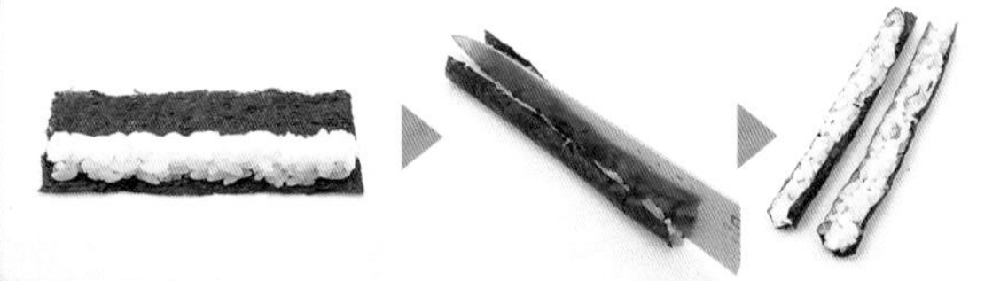

1 のり⅛に酢めし(白)10gを棒状にのせて丸く巻き、縦半分に切ります(目)。

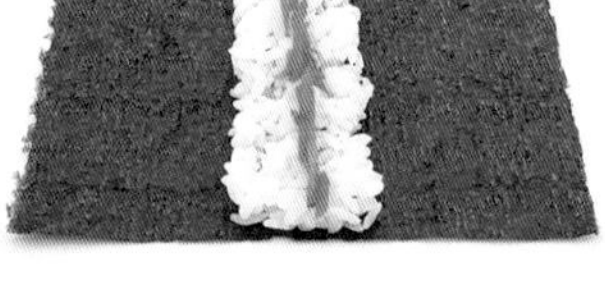

2 のり⅜の中央に酢めし(白)20gを4cm幅にのせ、中央に紅しょうがを並べます。

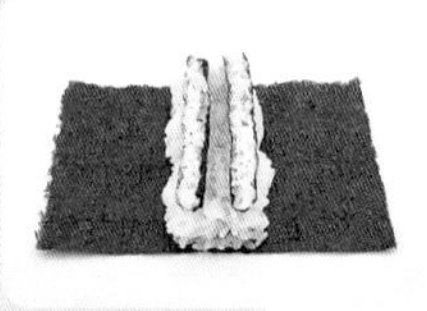

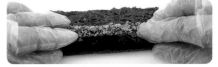

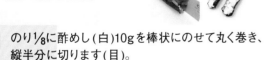

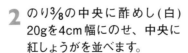

3 酢めし(白)30gを重ね、少し間隔をあけて左右の目を置きます。

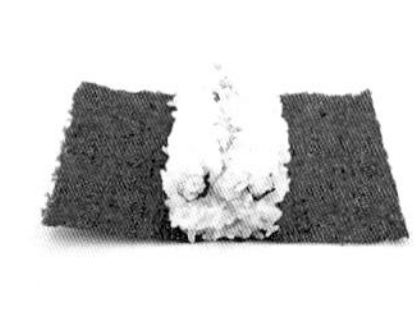

4 酢めし(白)35gはすき間を詰めながらかぶせ、中央を額の形にくぼませます。

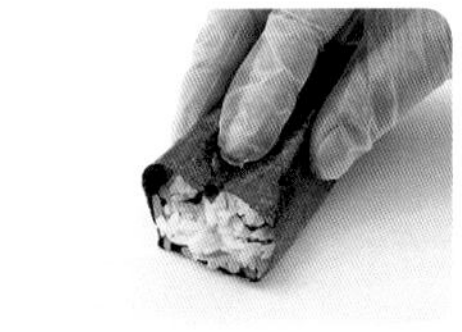

5 形に沿うように左右からのりを巻き、中央でとじます。

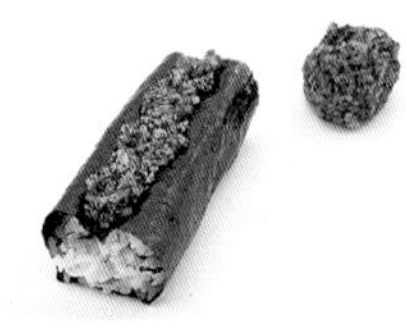

6 髪用の酢めし(黒)30gの一部でくぼみを埋めます。

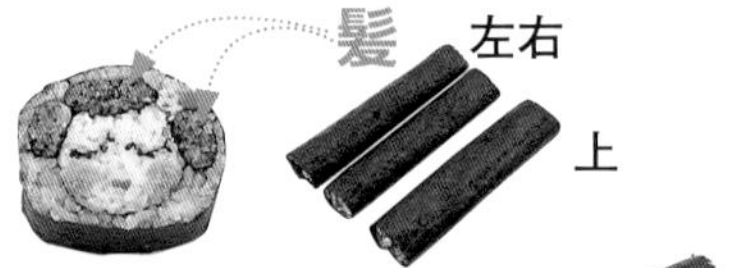
髪
左右
上

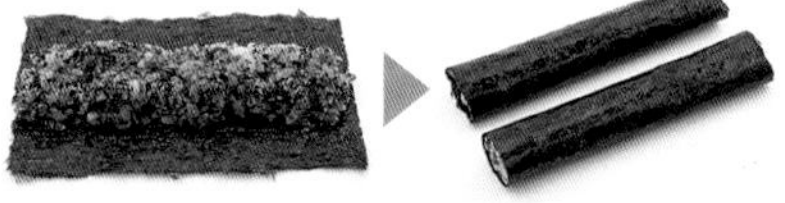

1 のり⅙の中央に酢めし(黒)20gをこんもりとのせ、上下からのりを合わせてだ円にとじます(左右の2本)。

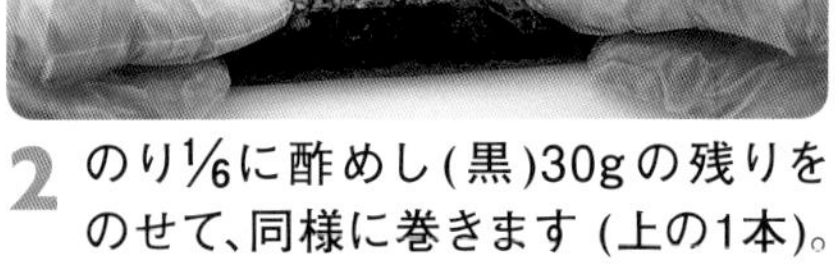

2 のり⅙に酢めし(黒)30gの残りをのせて、同様に巻きます(上の1本)。

2 組み立てて巻く

順に積んでいきます!

のり½と⅙をつないで横にした巻きすに置き、両端を5cmずつ残して酢めし(ピンク)50gを広げます。

2

中央に頭を置きます。

各10g

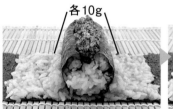 

3 2の左右に酢めし(ピンク)各10gを棒状に置き、左右の髪をのせます。

4

額の黒い酢めしの位置に合わせて上の髪をのせ、右の髪とのすき間に山ごぼうと錦糸卵を詰めます。

5

酢めし(ピンク)30gで全体をおおい、ドーム型に形を整えます。

6 巻きすを置いたまま、片方ずつのりをかぶせてとじます。

3 切って仕上げる

巻きすの端にすしを移し、巻きしめて形を整えます。

2

側面を押さえて平らにしてから4等分に切ります。

3 黒ごまのまつげをつけ、ほほにおぼろをのせます。

はんなり舞妓はん

クリスマス

★★★
PART 5
季節の
巻きずし

Have a Holly Jolly
Christmas!

Santa's got a
surprise for you!

サンタ

クリスマスベル

クリスマス Christmas
サンタ
難易度 1 ★★★

とんがり帽子をかぶったニコニコ笑顔のサンタさんなら
きっと素敵なクリスマスになりそう！

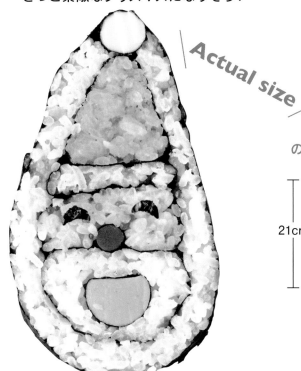

Actual size

材料 4切れ分

酢めし
酢めし(白)…70g
酢めし(ピンク)…50g
(酢めし40g＋おぼろ10g)
酢めし(オレンジ)…50g
(酢めし45g＋とびこ5g)
酢めし(緑)…130g
(酢めし110g＋わさびとびこ20g)
※わさびとびこがない場合は、
酢めし130g＋青のり大さじ1＋マヨネーズ少々

具材・その他
魚肉ソーセージ(中太/10cm)
…1本(縦半分)[口]
スティックチーズ(10cm)…1本[帽子]
山ごぼう漬け(10cm)…1本[鼻]
のりパンチで抜いた目…8枚

のり

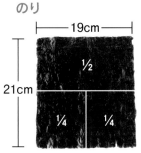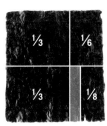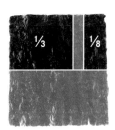

19cm

21cm

1/2　1/3　1/6　1/3　1/8
1/4　1/4　1/3　1/8

準備　酢めしは各分量に分けておきます。

50g　50g
130g　50g　20g

I パーツを作る

顔

I のり1/8で山ごぼうを巻きます[鼻]。

2 のり1/3の中央に鼻を置き、酢めし(オレンジ)50gを4cm幅でかぶせます。

3 手前からたたむように巻きます。

口ひげ

I のり1/6で魚肉ソーセージを巻きます。

2 のり1/3の中央に、酢めし(白)50gのうち約20gを4cm幅にのせ、Iを置きます。

3 残りをかぶせてドーム型に整え、左右からのりを合わせてとじます。

帽子

ボンボン

のり1/8でスティックチーズを巻きます。

ピンク部分
のり1/3の中央に酢めし(ピンク)50gを山にしてのせ、三角に巻きます。

白緑

のり1/4に酢めし(白)20gを4cm幅にのせ、たたむように平らに巻きます。

2 組み立てて巻く

1 のり ½ と ¼ をつなぎ、横にした巻きすに置きます。右端を4cm残して酢めし(緑)130gを均等に広げます。

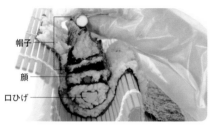

帽子
顔
口ひげ

2 巻きすに広げた酢めしの中央部分を丸めるように持ち、くぼみ部分に口ひげ、顔、帽子の白縁、ピンク部分、ボンボンの順に重ねていきます。

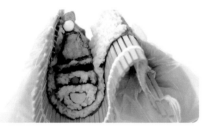

3 巻きすの左側をかぶせてから右側ののりを重ね合わせてとじます。

3 切って仕上げる

1 巻き終わりを下にして形を整え、側面を押さえて平らにします。

2 4等分に切り、のりの目をつけます。

クリスマス　Christmas

クリスマスベル

難易度 1
★ ★ ★

ベルを鳴らす振り子が見える、
立体感のあるチャーミングな絵柄です。

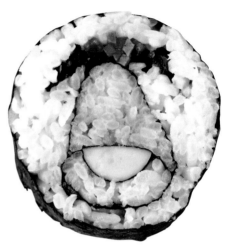

Actual size

材料 4切れ分

酢めし	酢めし(白)…140g
	酢めし(ピンク)…45g
	(酢めし45g＋桜でんぶ小さじ1)
具材・その他	チーズかまぼこ(10cm)…1本(縦半分)[ベルの振り子]
	野沢菜漬け(葉/10cm)…4〜6本[ヒイラギ]
	紅しょうが…10g[実]

のり

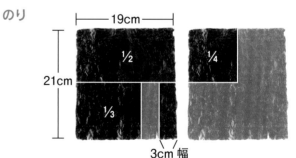

19cm

½

¼

21cm

⅓

3cm 幅

準備　酢めしは各分量に分けておきます。

60g

20g × 4

30g　15g

かんたん Arrange!

野沢菜をゆでたほうれん草や小松菜に、紅しょうがを柴漬けや福神漬けに変えてもおいしい。

1 ベルを作る

1 のり¼の中央に切り口を下にしてチーズかまぼこを置き、のり3cm幅をかぶせます。

2 酢めし(白)20gをチーズかまぼこの形(半円)に沿ってのせ、手前から巻いてとじます。

3 のり⅓の中央に平らな方を下にして2を置きます。

4 酢めし(ピンク)15gを薄く広げます。

5 中央に30gを高く盛ります。

6 巻きすを片方ずつかぶせ、のりを重ね合わせてとじます。

7 上部を両側から指でぐっと押してカーブをつけ、ベルの形を整えます。

8 両側のへこんだ部分に酢めし(白)各20gをのせて、ベルの完成。

2 組み立てて巻く

1 のり½を横にした巻きすに置き、両端を3cmずつ残して酢めし(白)60gを均等に広げます。中央に紅しょうがを1cm幅にのせ、その両側に野沢菜を各2cm幅に置きます。

4 巻きすを置いたまま、片方ずつのりをかぶせてとじ合わせます。

2 中央の紅しょうがの上にベルを逆さまに置きます。

3 切る

1 巻きすの端にすしを移し、側面を押さえて平らにします。

3 上部に酢めし(白)20gを広げ、左右のごはんとつながるように全体を整えます。

2 ぬれぶきんで包丁をふきながら、4等分に切ります。

プレゼントサンタ

難易度 3 ★★★

材料 4切れ分

酢めし

酢めし(白)…80g

酢めし(赤)…80g
　(酢めし75g+赤えび粉5g)

酢めし(ベージュ)…30g
　(酢めし30g+白すりごま少々)

具材・その他

ちくわ…1本[顔のひげ]

スティックチーズ(10cm)
　…1本[ボンボン]

魚肉ソーセージ
　(細/10cm)…1本[ブーツ]

厚焼き卵(3×0.5×10cm)
　…1本[ベルト]

山ごぼう漬け(薄切り)
　…8枚[ボタン]

黒ごま…8粒[目]

のり

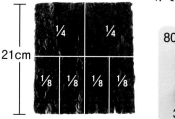

├─ 19cm ─┤

21cm

| 1/4 | 1/4 |
| 1/8 | 1/8 | 1/8 | 1/8 |

| 1/2 | |
| 1/6 | 1/8 | 1/8 |

準備

酢めしは各分量に分けておきます。

80g　　30g

30g×2　20g

Actual size

---

1 パーツを作る

顔

ちくわに縦の切り込みを入れ、全体をのり1/4で巻きます(ひげ)。

▼

くぼみに酢めし(ベージュ)30gを詰めます。

ブーツ

魚肉ソーセージを縦半分に切り、それぞれのり1/8で巻きます(2本)。

ボンボン

のり1/8でスティックチーズを巻きます。

ベルト

のり1/4で厚焼き卵を巻きます。

2 組み立てて巻く　順に積んでいきます!

1
のり½と⅙をつなぎ、中央左にブーツを並べます。

2
のり⅛を三つ折りして接着した仕切りをあいだにはさみます。

3
2をつぶさないように酢めし(赤)30gをのせます。

4
ベルト、酢めし(赤)20g、顔を重ねます。

5
顔上と4の右側にそれぞれ仕切り用のり⅛を配置します。

6
酢めし(白)80gを3cm幅から斜めに三角を作り、ボンボンを置きます。

7
顔左端からボンボンまで酢めし(赤)30gを広げ、帽子の形に整えます。

8
巻きすを置いたまま、片方ずつのりをかぶせてとじます。

3 切って仕上げる

1
側面を押さえて平らにしてから4等分に切ります。

2
山ごぼうのボタンを飾り、黒ごまの目をつけます。

お正月

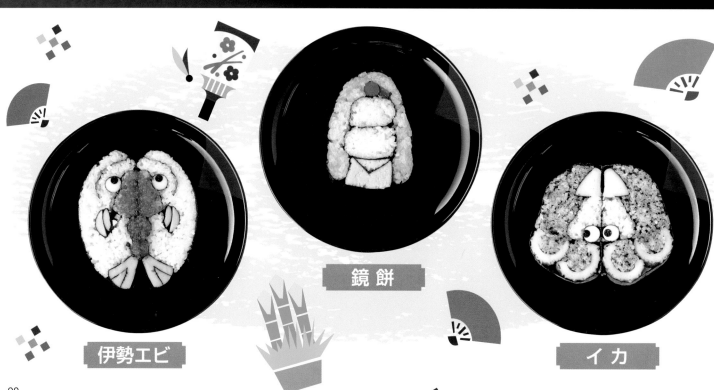

伊勢エビ

鏡餅

イカ

お正月　New Year

鏡餅

難易度2 ★★★

白、赤、緑、黄が周囲のピンクによって
くっきり描き出された鏡餅は、お正月らしい絵柄です。

材料 4切れ分

酢めし
酢めし(白)…110g
酢めし(ピンク)…180g
　(酢めし140g＋おぼろ40g)

具材・その他
厚焼き卵…2×3×10cm[台]
山ごぼう漬け(10cm)…1本[みかん]
野沢菜漬け(葉/10cm)…1本[葉]

のり

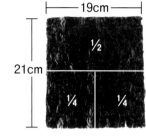
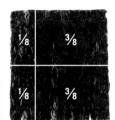

19cm

21cm

| 1/2 | 1/8 | 3/8 |
| 1/4 | 1/4 | 1/8 | 3/8 |

準備　酢めしは各分量に分けておきます。

60g×3
60g　50g

/ Actual size \

1 パーツを作る

 台

 餅

みかん

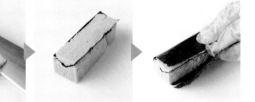

厚焼き卵の広い面にV字の切り込みを入れて切り出し、のり1/8をはさんでまた元の位置に戻したら全体をのり1/4で巻きます。

のり3/8に酢めし(白)60gをのせ、手前から巻いてだ円に整えます(下の餅)。同様にのり3/8で50gを巻きます(上の餅)。

のり1/8で山ごぼうを巻きます。

2 配置して巻く

ここがPoint!
高さや広さのある部分をカバーするときは、あらかじめその幅の板状にまとめてから沿わせるように置きましょう。

各60g

1 のり1/2と1/4をつなぎ、中央に台、下の餅、上の餅の順に重ね、両側に酢めし(ピンク)各60gを置きます。

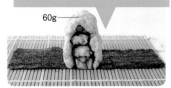

60g

2 みかん、野沢菜の葉をのせ、仕上げに酢めし(ピンク)60gを置いたら全体をつなげて形を整えます。

3 巻きすを置いたまま、片方ずつのりをかぶせてとじます。

3 切る

巻きすの端にすしを移し、側面を押さえて平らにしてから4等分に切ります。

伊勢エビ

難易度 3 ★★★

2切れののりの底部を切り離さずに左右に開くと絵柄が完成！
オレンジのとびこをたっぷりトッピングして味も豪華に。

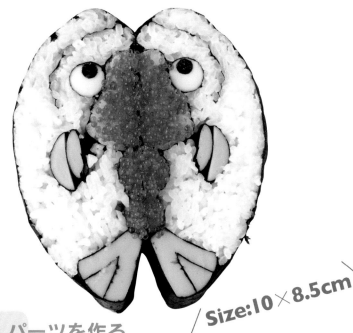

Size:10×8.5cm

材料 2切れ分

酢めし
酢めし(白)…160g
酢めし(ピンク)…40g
　(酢めし30g＋おぼろ10g)

具材・その他
魚肉ソーセージ(太/10cm)…1本[尾・はさみ]
魚肉ソーセージ(細/10cm)…1本[胴体]
スティックチーズ(10cm)…1本[目]
とびこ…5g
のりパンチで抜いた黒目…4枚

のり

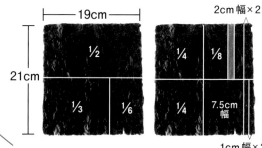

		2cm幅×2
←19cm→		
1/2	1/4	1/8
1/3	1/6	1/4	7.5cm幅

21cm

1cm幅×2

準備　酢めしは各分量に分けておきます。

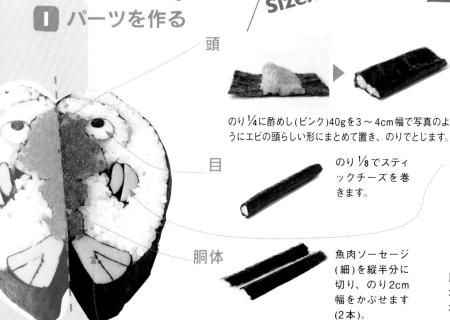

50g×2

30g×2

40g

Ⅰ パーツを作る

頭

のり1/4に酢めし(ピンク)40gを3〜4cm幅で写真のようにエビの頭らしい形にまとめて置き、のりでとじます。

目

のり1/8でスティックチーズを巻きます。

胴体

魚肉ソーセージ(細)を縦半分に切り、のり2cm幅をかぶせます(2本)。

はさみ

尾で切り落とした魚肉ソーセージを使用。のり7.5cm幅に1本を平らな部分を下にしてのせ、端からひと巻きしたらもう1本を同様に重ね、くるくると巻いていきます。

尾

1 魚肉ソーセージ(太)の両側を斜めにカットして尾の形にし、2か所縦に切り込みを入れます(切り落とした端2本ははさみに使用)。

2 切り込みにのり1cm幅をはさみ、全体をのり1/4で巻きます。

2 組み立てて巻く

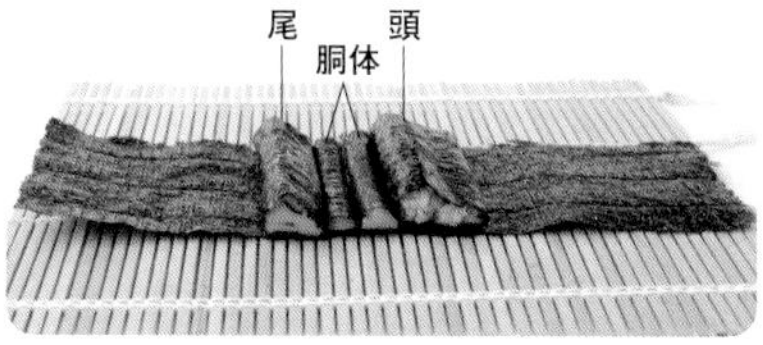

1
のり½と⅓をつなぎ、巻きすを横にしてのりを置きます。中央に、左から尾、胴体(2本)、頭を写真のように置きます。

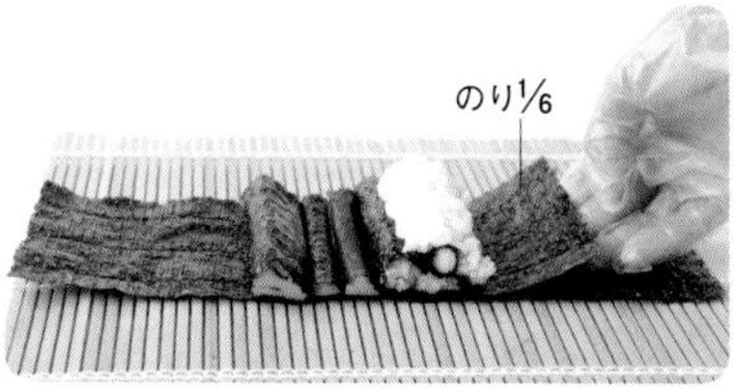

2
頭先端にのり⅙を置き、細い部分の上に目をのせて酢めし(白)30gをのせたら、のりをかぶせます。

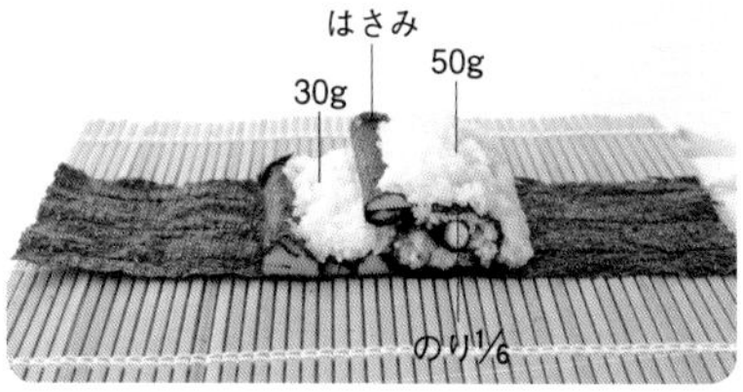

3
胴体から尾の上に酢めし(白)30gをのせ、はさみを置き、頭からはさみにも50gをのせます。

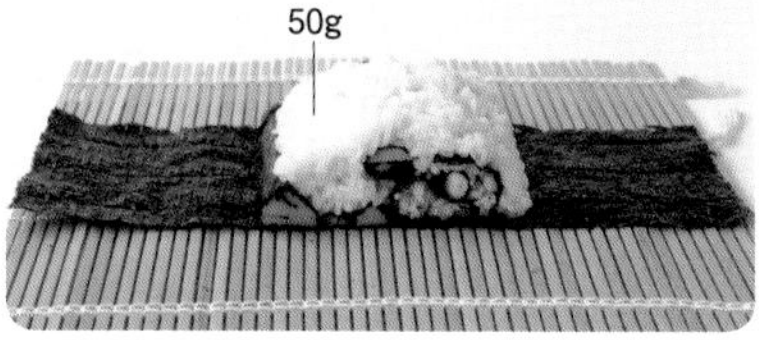

4
胴体から尾の上にさらに50gをのせて全体を半円に整えたら、巻きすを置いたままのりを重ね合わせてとじます。

3 切って仕上げる

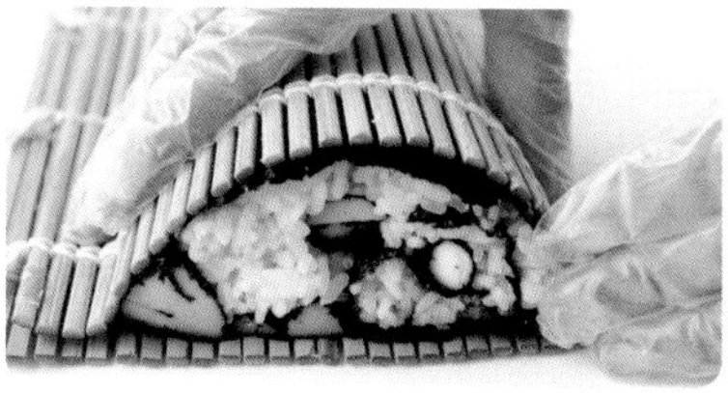

1
巻きすの端にすしを移して全体の形を整え、側面を押さえて平らにします。

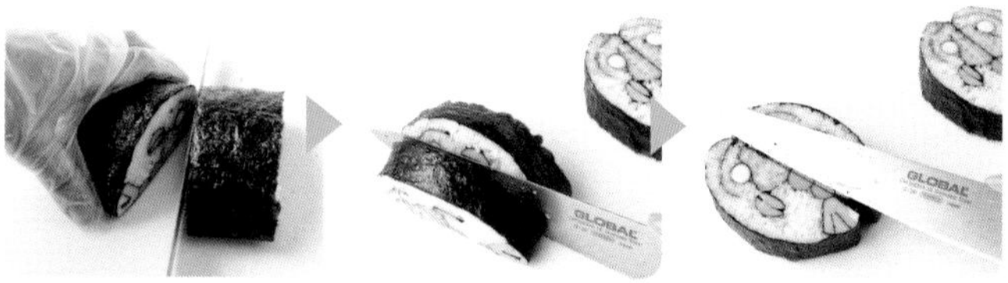

2
4等分の印を入れ、中央で2等分します。それぞれの印に包丁を入れ、底部ののりを切り離さないように切り進み、左右に開きます。

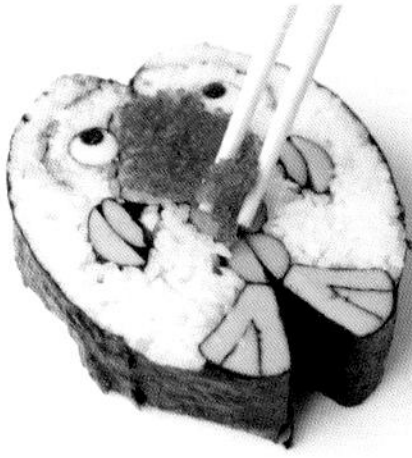

ここがPoint!
2切れを切り離さずに中心で左右に開くと、対称の図柄が鏡合わせになって一尾の伊勢エビがあらわれます。

3
のりの黒目をつけ、頭と胴体にとびこをのせます。

イカ

難易度2 ★★★

伊勢エビと同様に左右対称の2切れを開くと、ちくわの足がユニークなイカがあらわれます！

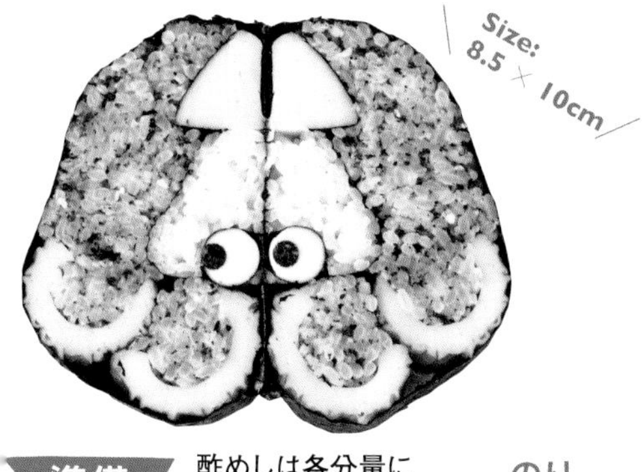

材料 2切れ分

酢めし

酢めし(白)…40g
酢めし…160g（酢めし145g+黒すりごま10g+ゆかり5g）

具材・その他

ちくわ(10cm)…2本[足]
かまぼこ
…1本(縦半分)[エンペラ]
スティックチーズ(10cm)
…1本[目]
のりパンチで抜いた黒目…4枚

準備 酢めしは各分量に分けておきます。

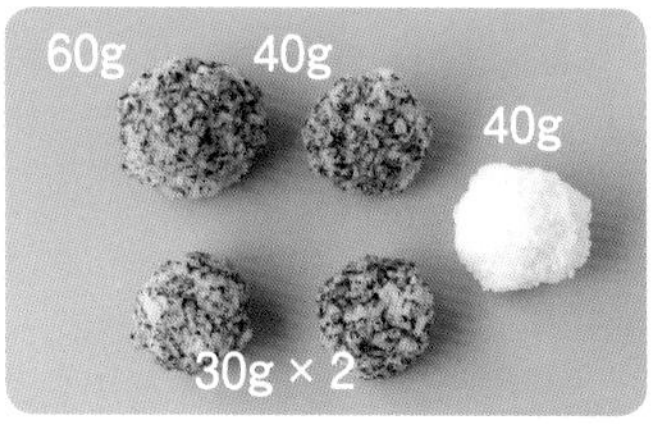

のり

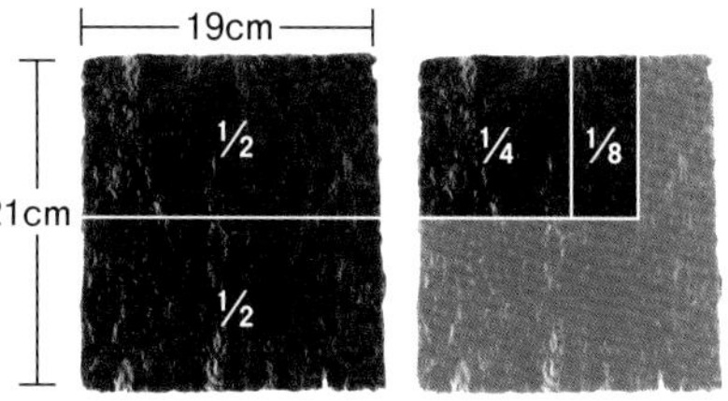

1 パーツを作る

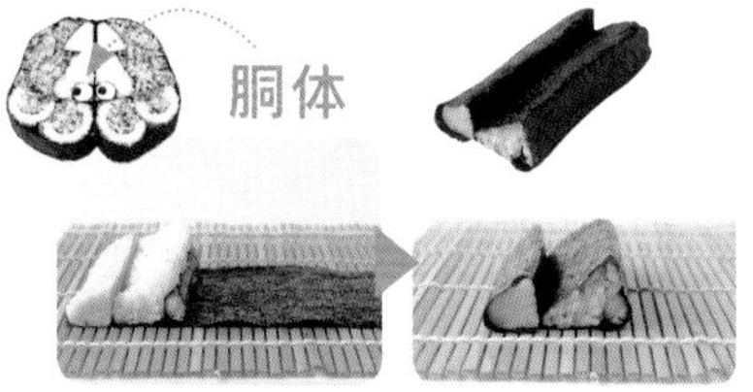

三角に切ったかまぼこ、のり⅛で巻いたスティックチーズの目を入れた三角の酢めし(白)40gをのり½の左端にのせ、形に沿って巻きます。

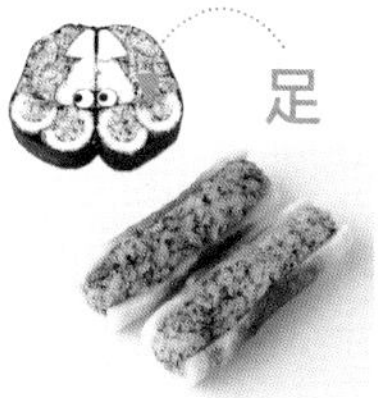

ちくわは縦に切り込みを入れ、酢めし(黒)30gを詰めます(2本)。

2 組み立てて巻く

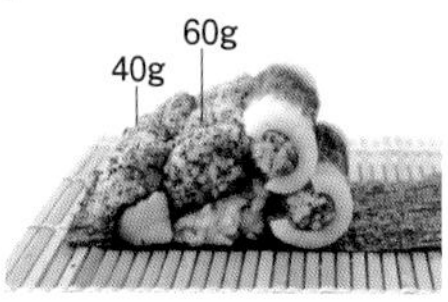

のり½と¼をつなぎ、左端に胴体、足を置き、酢めし(黒)40gと60gを写真のようにのせます。巻きすを置いたまま右側からのりを巻いてとじます。

3 切って仕上げる

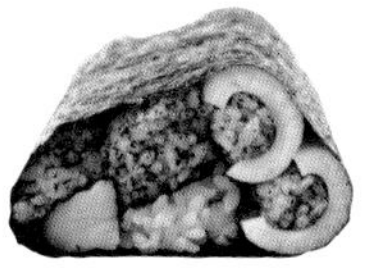

全体の形を整え、伊勢エビと同様に底部ののりを切り離さないように切って開き、のりの黒目をつけます。

門松
(かどまつ)

難易度3 ★★★

お正月にふさわしい門松は『寿司シンメトリー』の技法。
2切れを切り離さずに左右に開くとひとつの絵柄が現れます。

デザイン：花巻子

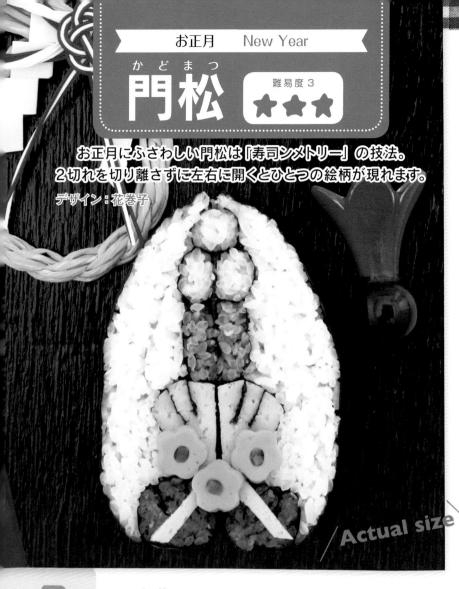

Actual size

材料 2個分

酢めし
酢めし(白)…140g
酢めし(茶)…30g
　(酢めし28g ＋かつおふりかけ2g)
酢めし(緑)…20g
　(酢めし20g ＋青のり少々)

具材・その他
厚焼き卵(3×3×10cm)…1本 [扇・飾り]
魚肉ソーセージ (中/薄切り)…6枚 [小梅]
紅しょうが…少々 [小梅の中心]

のり

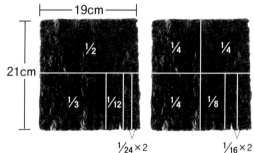

準備　酢めしは各分量に分けておきます。

100g　20g　15g
　　　　　　　5g
10g × 3　20g

I　パーツを作る

土台

1 酢めし(茶)各10gはそれぞれ1cm
幅で10cm長さの板状にします。

＊小梅型で抜いたソーセージの中心をストロー (細)で穴をあけ、紅しょうがの小片を詰めておきます。

2 のあいだにのり1/16をはさんで3層の直方体にまとめます。

3 全体をのり1/4で包みます。

扇

1 対角線で斜めに切り(半分は飾りに使用)、細い扇形になるようさらに上部をカットします。

2 上部2か所に切り込みを入れ、それぞれのり1/24をはさみます。

3 全体をのり1/4で巻きます。

 竹

上部断面　青竹

1 のり⅛の中央に酢めし(白)15gを棒状にのせ、だ円に巻きます。

2 のり¼に酢めし(緑)20gを2cm幅にのせ、上にを並べます。上下ののりを合わせて細長いだ円にとじます(青竹)。

3 のり¹⁄₁₂の中央に酢めし(白)5gを棒状にのせ、上下からのりを寄せて半円に整えます(上部断面)。

4 竹のパーツが完成。

2 組み立てて巻く　横に並べていきます！

1 のり½と⅓をつないで横にした巻きすに置き、中央部分に右から土台、扇、青竹、上部断面のパーツを順に並べます。

2 土台と扇のあいだに酢めし(白)20gをはさみます。

3 全体をおおうように酢めし(白)100gをかぶせ、全体の形を整えます。

4 巻きすを置いたまま、左側ののりを形に沿うようにかぶせます。

5 右側ののりをかぶせてとじます。

3 切って仕上げる

1 巻きすの端にすしを移し、側面を押さえて平らにします。

ここがPoint!
2切れ分を切り離さずに観音開きにすると、左右対称(シンメトリー)の鏡合わせになって、門松の絵柄が現れます。

2 まず2等分に切り、それぞれの中央に切り込みを入れ、底部ののりを切り離さないように切り開きます。

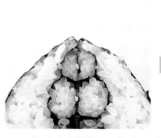

3 竹の上部断面の中心に出たのりのラインをごはん粒(分量外)で隠します。

4 厚焼き卵の細切りを扇のつけ根に飾り、小梅をバランスよくのせます。

95

お正月　New Year

松竹梅扇

難易度3 ★★★

美しい松竹梅の絵柄は大人のおもてなしにも最適。
切った瞬間、歓声があがること間違いなしです。

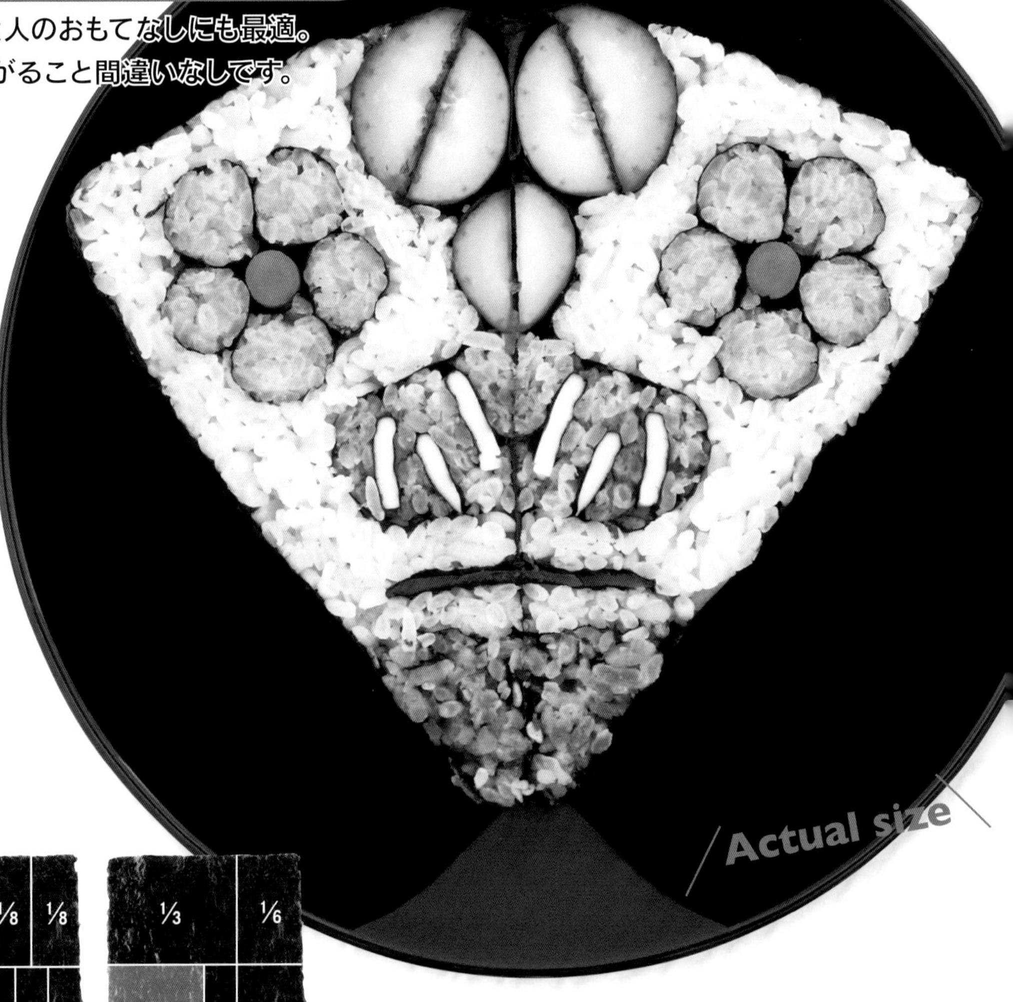

Actual size

材料 2個分

酢めし

酢めし(白)…160g
酢めし(ピンク)…75g
(酢めし60g＋おぼろ15g)
酢めし(緑)…40g
(酢めし40g＋青のり小さじ1
＋マヨネーズ少々)
酢めし(茶)…30g
(酢めし27g＋かつおふりかけ3g)

具材

きゅうり(10cm)…2本[竹]
山ごぼう漬け(10cm)…1本[梅]
スライスチーズ
…1枚[松葉パーツ]
かんぴょうの煮物(10cm)
…2本[松の枝]

のり

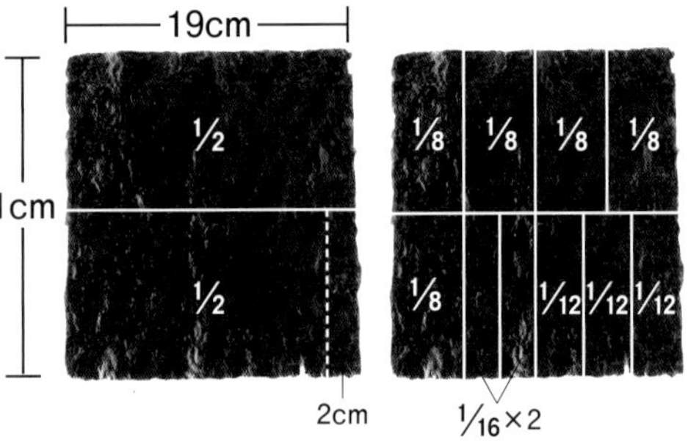

19cm
21cm
1/2
1/2
2cm
1/8
1/8
1/8
1/8
1/8
1/12
1/12
1/12
1/16×2
1/3
1/6
1/12
1/6

準備　酢めしは各分量に分けておきます。

100g
40g
10g × 2
15g × 5
30g
10g × 4

1 パーツを作る

松葉パーツ

スライスチーズの半分をさらに3等分し(約2cm幅を3枚)、のり1/12をのせながらフィルムからはがし、コの字に包みます(3本)。

梅

1 のり1/8で酢めし(ピンク)15gを丸く巻きます(5本)。

2 中心に山ごぼう漬けをはさみながら5本で花の形に整えます(→P.14)。

3 のり1/16をつないで帯にして2を巻き、ばらけないように固定します。

2 組み立てて巻く

横に並べて積んでいきます!

ここがPoint!

酢めしは左側を薄く右側を厚くして、チーズが右上がりのラインを描くようにします。

1 のり½と2cmカットした½をつないで横にした巻きすに置き、中央に酢めし(緑)10gを1.5cm幅にのせ、松葉パーツのチーズを重ねます。

2 さらに酢めし10g、チーズ、酢めし10g、チーズ、酢めし10gを重ねたら、全体をのり⅙でおおいます(松葉)。

3 2の左側に、酢めし面をつけるように松の枝を置き、左側のごはんの面にのり2cm幅を貼ります。

4 松葉の右側に切り口を下にして竹Aを置き、のり1/12をかぶせます。さらに竹Bを写真のように右に傾けて並べます。

5 松葉と竹のあいだに酢めし(白)40gをV字に広げます。

6 梅をのせ、酢めし(白)100gをかぶせて、花の上を高くとがらすように形を整えます。

7 左端に酢めし(茶)30gを三角に置き、全体が斜めのラインでつながるように形を整えます。

3 切る

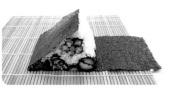

8 巻きすを置いたまま、片方ずつのりをかぶせてとじます。

1 巻きすの端にすしを移し、側面を押さえて平らにします。

ここがPoint!

側面がくぼんでいるところには予備のすし飯(分量外)を入れ込み、のり幅と同じに平らにしてから切るのがコツ。寿司メトリーはすしを切り開いたとき、左右の高さが揃って段差がないことが重要です。

竹 B

きゅうり1本は縦3等分のイメージで真ん中の部分を切り除き、上下(両端)を使用。のり⅓の端を2本のあいだにはさんでから周囲を巻きます。

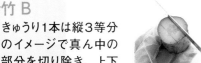

A
B

竹 A

きゅうり1本は⅓を縦に切りとります(残りは不要)。

松の枝

のり⅙にかんぴょうを2cm幅にのせて巻きます。

酢めし(白)10gを2cm幅に広げてかんぴょうをのせ、さらに10gを重ねます。

2 まず2等分に切り、それぞれの中央を底部ののりを切り離さないように切り開きます。

97

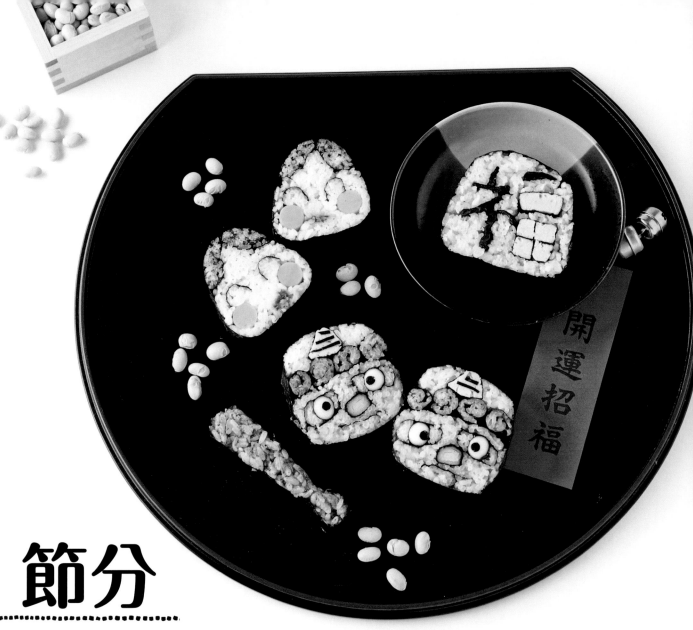

節分

鬼は外〜

福は内〜

『福』

お多福
(参考作品)

鬼

節分　Setsubun

鬼

難易度3 ★★★

ギョロっとにらんだ目が特徴。各パーツを
ていねいに作り、全体を四角く仕上げましょう。

デザイン：花巻子

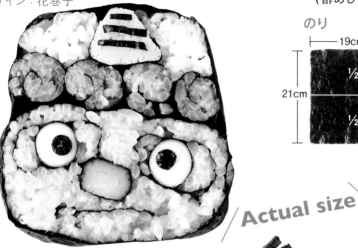

/ **Actual size** \

材料 4切れ分

酢めし
酢めし（白）…60g
酢めし（ピンク）…120g
　（酢めし100g＋おぼろ20g）
酢めし（緑）…60g
　（酢めし60g＋青のり、マヨネーズ各少々）

具材・その他
厚焼き卵…1×1.5×10cm[角]
スティックチーズ（10cm）…2本[目]
かにかまぼこ（10cm）…1本[鼻]
のりパンチで抜いた黒目…8枚
のり（細切り）…適宜[角のライン]

のり

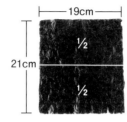

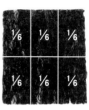

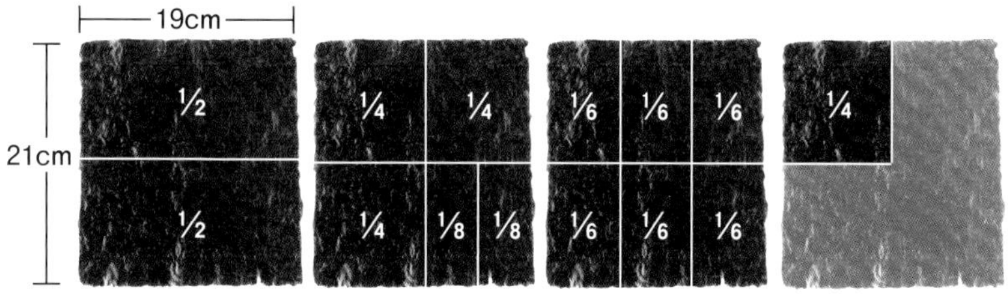

準備　酢めしは各分量に分けておきます。

❶ パーツを作る

**つの
角**

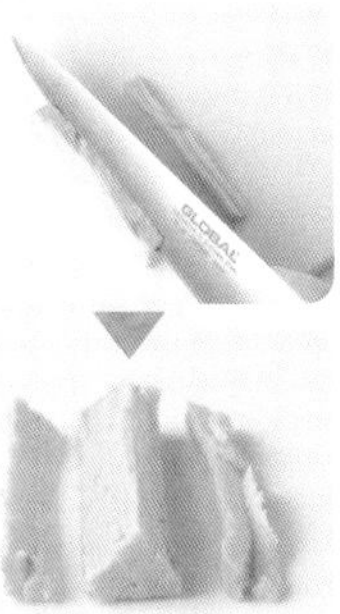

1 厚焼き卵は断面が
三角になるように
上部中央から左右
斜めに切り落とし
ます。

2 のり¼で巻きま
す。とじます。

髪

1 のり⅙に酢めし
（緑）15gを全体に
広げます。

2 手前からくるくると
うず巻きに巻いて
いきます（4本）。

鼻

のり⅙でかにかま
ぼこを巻きます。

口

酢めし（ピンク）10g
を10cm長さの棒
状にし、のり⅙
を半分に折ってか
ぶせます。

目

1 のり⅛でスティッ
クチーズを巻きま
す（2本）。

2 のり¼の中央に❶を置き、両側に酢めし
（白）各5gを棒状にのせ、上下ののりを重
ねてとじます（2本）。

顔

1 のり½の両端を3cm
ずつ残して酢めし（ピ
ンク）40gを広げ、中
央に10g、両側に目
をのせます。

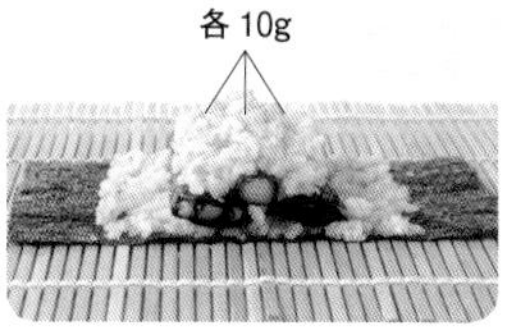

2 10gの上に鼻、その
両側に10gをのせ、
左右をつなげるよう
に鼻の上に10gを薄
く広げます。

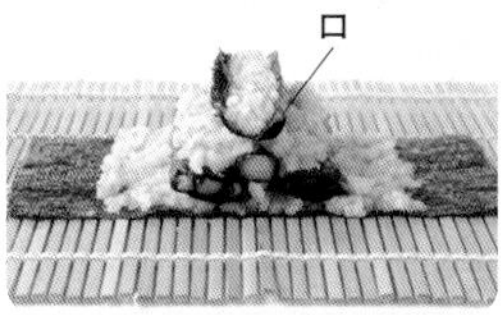

3 のりの部分を下にし
て口をのせます。

4 仕上げに30gをのせ、
巻きすを置いたまま、
片方ずつのりをかぶ
せてとじます。

99

2 組み立てて巻く

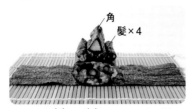

I のり½と¼をつなぎ、横にした巻きすに置きます。中央に顔を置き、その上に髪を4つ並べ、中央に角をのせます。

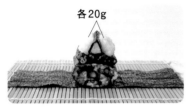

2 角の両側に酢めし(白)各20gをのせ、全体を四角く整えます。

3 巻きすを置いたまま、片方ずつのりをかぶせてとじます。

3 切って仕上げる

I 巻きすの端にすしを移し、巻きすで四角く形を整えてから側面を押さえて平らにします。

2 4等分に切り、角のライン、目玉ののりをつけます。

『福』

難易度 3
★★★

のりで巻いたかんぴょうと厚焼き卵で文字を組み立てます。

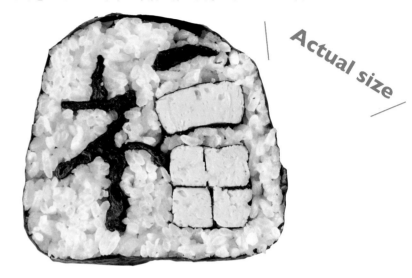

Actual size

材料 4切れ分

酢めし

酢めし(ピンク)…260g
　(酢めし220g＋おぼろ40g)

具材・その他

かんぴょうの煮もの(10cm)…12cm幅分 [A ～ F]
厚焼き卵…2×2×10cm[G]
厚焼き卵…1×2×10cm[H]

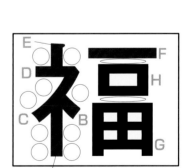

120g　100g　40g

のり

19cm
21cm
½
¼　¼

4cm幅　4cm幅　5cm幅　6cm幅
2cm幅×4
¼

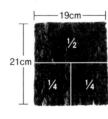

E
D
C
A
B
F
H
G
福ネ

○　⬭ ＝酢めし10g

準備

酢めし120gは定規つきのまな板を使って10gずつ正確に切り分けておきます。
＊11個で組み立てます。残り1個は不足部分を補う場合の予備とします。

I 酢めし120gを10×12cmに広げます。

2 ラップをかけ、1cm幅12等分に切り分けます。

Ⅰ パーツを作る

文字ライン [A〜F]

のりの中央にかんぴょうを置き、幅に合わせてたたむようにとじます。

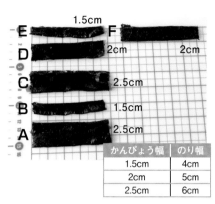

1.5cm
E
F
D   2cm   2cm
C   2.5cm
B   1.5cm
A   2.5cm

かんぴょう幅	のり幅
1.5cm	4cm
2cm	5cm
2.5cm	6cm

口 [H]・田 [G]

G   H

口 [H]

のり¼で厚焼き卵Hを巻きます。

田 [G]

厚焼き卵Gを縦横2等分にカット。のり2cm幅を半分に折って4か所にはさみ、全体をのり¼で巻きます。

---

② 文字を組み立てる

文字は下から順に組み立てていきます。
ときどき正面から形を見て、確認しながら組み立てましょう。

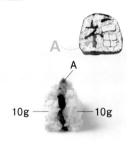

A   C   B   D

1 Aの両側に各10gを置きます。

2 各10gを重ね、B、Cを斜めに置きます。

3 10gでBとCを固定します。

4 10g2個をCに沿ってのせます。

5 Dを水平に置きます。

E   G   H   F

6 Eを各10gではさみ、Dにのせます。左側のネができあがり。

7 右側にGを置き、10gを広げてのせます。

8 Hを水平にのせます。

9 F全体に10gを広げ、ごはん部分を下にしてHにのせます。

10 上部に10gをのせます。すき間があれば予備のごはんで補います。

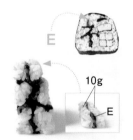 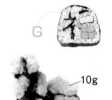 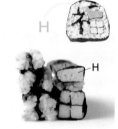 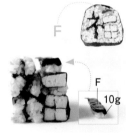 

---

③ 巻いて切る

1 のり½と¼をつないで横にした巻きすに置き、両端を4cmずつ残して酢めし100gを均等に広げます。

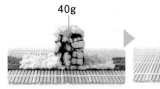

40g

2 中央に文字を置き、仕上げに酢めし40gをのせたら巻きすを置いたまま、片方ずつのりをかぶせてとじます。

ここがPoint!
左右対称でない文字は、正しく見える方の端を落としてから切ると無駄がありません。

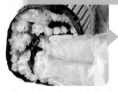 

3 巻きすの端にすしを移し、側面を押さえて平らにします。少し端を切り落としてから4等分に切ります。

101

おひな様

難易度 2
★★★

お内裏様とおひな様が並んだかわいいおすしは、
ひな祭りに欠かせない人気のデザイン。

/Actual size\

材料 4切れ分

酢めし

酢めし(白)…145g
酢めし(ピンク)…40g (酢めし35g +おぼろ5g)
酢めし(緑)…40g (酢めし40g +青のり、マヨネーズ各少々)
酢めし(黒)…30g (酢めし25g +黒すりごま5g)

具材・その他

厚焼き卵…2×3×10cm[台座]
チーズかまぼこ(10cm)…2本[顔]
野沢菜漬け(葉/10cm)…1本[えぼし]
きゅうり…2cm[しゃく・扇]
黒ごま…16粒[目]

のり

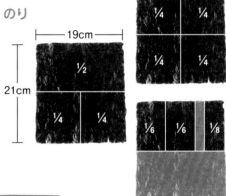

Ⅰ パーツを作る

髪

のり¼の全体に酢めし(黒)30gを広げます。

えぼし

のり⅛で野沢菜を巻きます。

顔

のり⅙でチーズかまぼこを巻きます(2本)。

厚焼き卵は厚みを半分に切り、それぞれをのり¼で巻きます(2本)。

台座

準備

酢めしは各分量に分けておきます。

50g　35g×2
15g　10g
40g　40g　30g

胴体

1 のり¼に酢めし40gをのせ、だ円に巻きます(緑・ピンク)。

2 指で上部を少し細めて胴体の形に整えます。

2 組み立てて巻く

1
のり1/2と1/4をつなぎ、横にした巻きすに置きます。中央にそれぞれ台座を置いて胴体をのせ（ピンクが右）、あいだを埋めるように酢めし(白)15gを詰めます。

2
おひな様は顔に髪をかぶせてピンクの胴体にのせます。

3
お内裏様（だいり）は顔をのせ、中心にえぼしを置きます。

4
左右に壁を立てるように各35gを置きます。

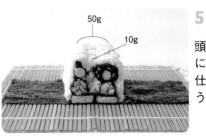

5
頭のあいだを埋めるように酢めし(白)10gを詰め、仕上げに上部をおおうように50gをのせます。

6
巻きすを置いたまま、片方ずつのりをかぶせてとじます。

3 切って仕上げる

1
巻きすの端にすしを移し、巻きすで四角く形を整えてから側面を押さえて平らにします。

2
ぬれぶきんで包丁を拭きながら、4等分に切ります。

3
きゅうりの皮をカットしてしゃくを作ります。扇は、刃先で根元を残して細かく切り込みを入れ、根元を押さえて広げます。

4
それぞれの胴体に**3**をのせ、黒ごまの目をつけます。

103

こどもの日

鯉のぼり

難易度3 ★★★

1本で2色ができるテクニックを使って、
5月の空を元気に泳ぐ鯉のぼりの完成です。

デザイン：花巻子

材料 4切れ分

酢めし	酢めし(白)…80g
	酢めし(ピンク)…90g (酢めし70g＋おぼろ20g)
	酢めし(緑)…90g (酢めし90g＋青のり大さじ1＋マヨネーズ少々)
具材・その他	厚焼き卵…3×0.5×10cm[口]
	チーズかまぼこ(10cm)…1本[目]
	のりパンチで抜いた黒目…4枚
のり	

のり：19cm × 21cm、1/2、1/4、1/4、1/12 ×複数、1/6

準備
酢めしは各分量に分けておきます。

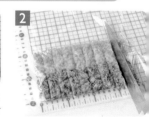

90g　90g
40g　20g × 2

I パーツを作る

尾
酢めし(白)20gで10cm
長さの三角の山を作りま
す(2本)。

うろこ(胴体)

目

のり1/6でチーズかまぼ
こを巻きます。

9等分した酢めしは半円の棒状
に整え、のり1/12をかぶせます
(9本)。

1
酢めし各90gを5×
18cmに広げます。色が
混ざらないように境界部
分はていねいに。

2
ラップをかけ、2cm幅9等分
に切り分けます。

\ Actual size /

② 組み立てて巻く

l

のり ½ と ¼ をつなぎ、横にした巻きすに置きます。中央に厚焼き卵を置き、のり 1/12 をのせます。

2

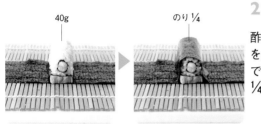

40g　　　のり ¼

酢めし(白) 40gの半量をのせて目を置き、残りでドーム型に整え、のり ¼ をかぶせます。

3

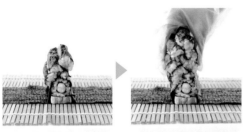

ピンクを手前にして9本のうろこを積み上げていきます。

ここが Point!

2色が混ざらないように、必ず向きを確認しながら積みましょう。

4

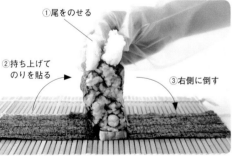

①尾をのせる

②持ち上げてのりを貼る

③右側に倒す

尾用に作った三角の山をのせます。

左側の巻きすを持ち上げ、のりを貼りつけたら鯉のぼりを右側に倒します。

5

右側に残ったのり端は、尾のくぼみに押し入れてとじます。

③ 切って仕上げる

l

巻きすの端にすしを移し、側面を押さえて平らにします。

2

4等分に切ると、ピンクと緑が2切れずつできます。

3

黒目ののりをつけます。

家族みんなで仲良く食べよう!

♪屋根より高い 鯉のぼりー

金太郎

難易度 3 ★★★

元気で健やかな男の子に成長するよう願いを込めて…
金太郎と熊の表情がユーモラスでかわいい絵柄です。

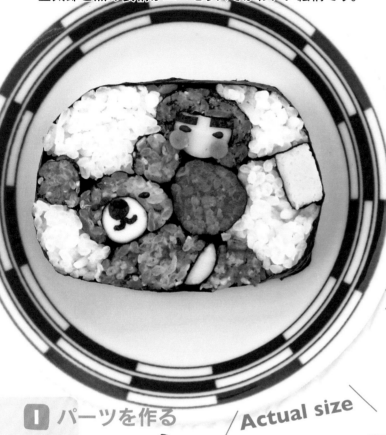

材料 4切れ分

酢めし
酢めし(白)…110g
酢めし(茶)…70g
　(酢めし65g + かつおふりかけ5g)
酢めし(赤)…30g
　(酢めし27g+赤えび粉3g)
酢めし(黒)…20g
　(酢めし18g + 黒すりごま1g
　+のりの佃煮1g)

具材・その他
チーズかまぼこ(10cm)…1本
　[金太郎の顔・足]
スティックチーズ(10cm)…1本
　[熊の頭部]
厚焼き卵(1.5×0.5×10cm)…1本
　[まさかり]
山ごぼう漬け(薄切り)…8枚
　[金太郎のほほ]
黒ごま…16粒[目]

のり
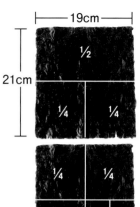

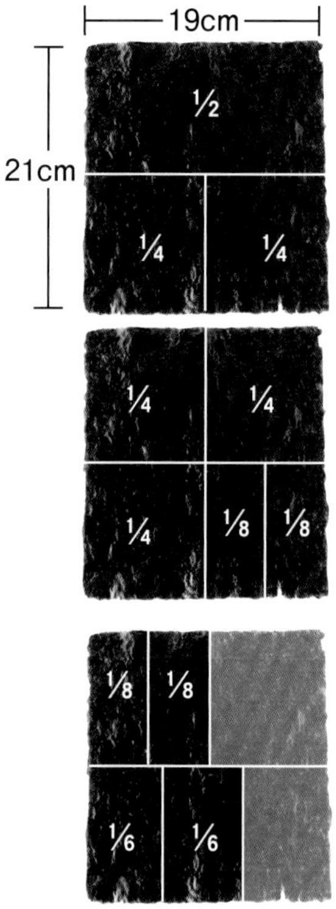

|←19cm→|
21cm

½
¼ ¼
¼ ¼
¼ ⅛ ⅛
⅛ ⅛
⅙ ⅙

準備
酢めしは各分量に分けておきます。

*のりの端材で細切りの眉…8個、
口まわり…4個

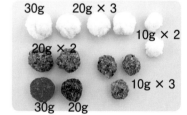
30g　20g×3
10g×2
20g×2
30g　20g
10g×3

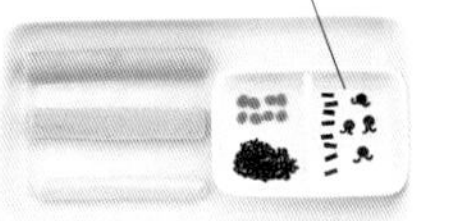

I パーツを作る

Actual size

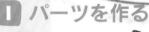
金太郎の足

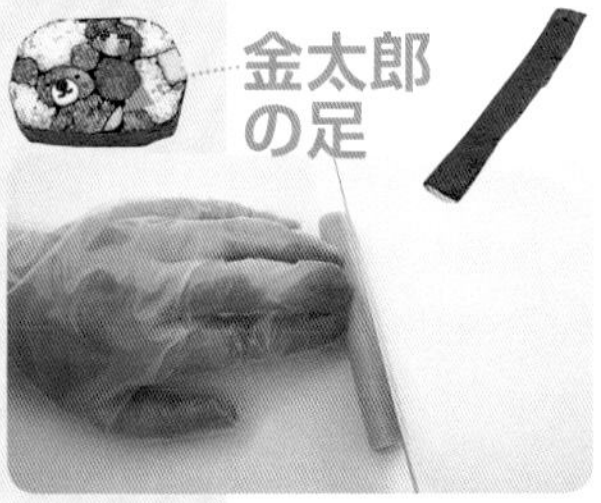

チーズかまぼこは上面(¼程度)を薄く縦に切りとり(残りは金太郎の顔に使用)、のり⅛で巻きます。

金太郎の頭

のり¼に酢めし(黒)20gを4cm幅に広げます。

のり⅛をかぶせ、中央に残りのチーズかまぼこ(顔)をのせます。

全体をだ円に巻きとじます。

金太郎の体

まさかり

のり¼の手前に酢めし(赤)30gを棒状にのせ、丸く巻きます。

のり¼の端に0.5cm面を下にして厚焼き卵をのせ、全体をひと巻きします。

のりの上面にごはん粒をつけて二つ折りにし、さらに0.5cm面が下に来るように手前から起こします。

形を固定するため、酢めし(白)10gをはさんでおきます。

熊の頭部

1 のり⅛に酢めし(茶)10gを棒状にのせ、丸く巻きます(2本／耳)。

2 スティックチーズをのり⅙で巻きます(鼻)。

3 のり¼の中央に**2**の鼻を置き、酢めし(茶)20gをドーム型にかぶせて全体をだ円に巻きます。

4 左右の耳をのせ、あいだに酢めし(白)10gをはさんで固定します。

2 組み立てて巻く 順に積んでいきます！

1 のり½と¼をつないで横にした巻きすに置き、中央に金太郎の足をはさむように酢めし(茶)20gと10gを置きます。

2 のり⅙をかぶせ、左端に熊の頭部をのせて下を酢めし(白)20gで支えます。

3 金太郎の体、頭を配置し、右側を酢めし(白)20gで支えます。

4 まさかりののり(柄)部分が、体と頭のあいだから出て担いで見えるような位置にのせます。

5 熊の頭部を酢めし(白)30g、まさかりの上を酢めし(白)20gでおおい、全体の形を整えます。

6 巻きすを置いたまま、片方ずつのりをかぶせてとじます。

3 切って仕上げる

1 側面を押さえて平らにしてから4等分に切ります。

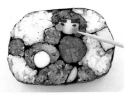

2 金太郎はごまの目、のりの眉、山ごぼうのほほで顔を描きます。

3 熊はごまの目、のりの口まわりをのせます。

赤い体にのりで「金」を描くとよりリアルな金太郎に！

お化けカボチャ

難易度 2
★★★

ハロウィンのシンボル、カボチャをくり抜いた
ジャック・オー・ランタン（お化けカボチャ）！

Actual size

材料 4切れ分

| 酢めし | 酢めし（オレンジ）…260g |
| | （酢めし230g＋とびこ30g） |

具材・その他　かまぼこ…1本［口］
きゅうり…10cm（縦半分）［目・鼻］
きゅうりの皮…少々［ヘタ］

のり

┌── 19cm ──┐

½	⅙ ⅙ ⅙
½	¼

21cm

1cm幅

準備　酢めしは各分量に分けておきます。

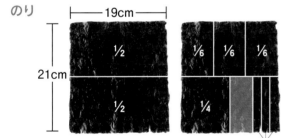

80g　　50g
25g × 4
15g × 2

I パーツを作る

目・鼻

カットライン

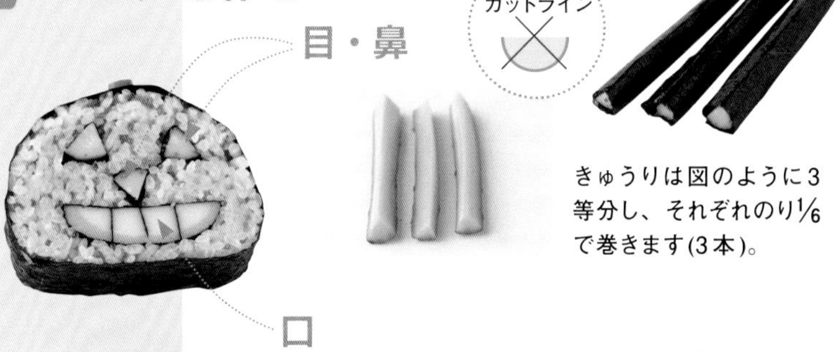

きゅうりは図のように3
等分し、それぞれのり⅙
で巻きます（3本）。

口

かまぼこは縦に3本切り込みを入れ、あいだにのり
1cm幅をはさみ（3枚）、全体をのり½で巻きます。

2 組み立てて巻く

1
のり ½ と ¼ をつなぎ、横にした巻きすに置きます。両端を5cmずつ残して酢めし80gを均等に広げます。

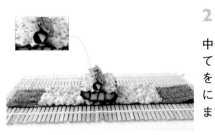

2
中央に平らな面を上にして口を置き、酢めし25gを広げたら、口の中央に角を下にして鼻をのせます。

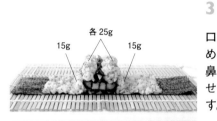

15g 　各25g 　15g

3
口の両側のすき間を埋めるように各15gを置き、鼻の両側に各25gをのせて鼻の高さとそろえます。

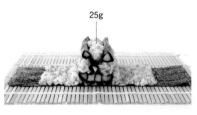

25g

4
鼻両側の酢めしの上に、角を上にして目をのせ（2本）、あいだを埋めるように25gをのせます。

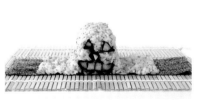

5
さらに50gをのせて全体をまとめます。

6
巻きすを置いたまま、片方ずつのりをかぶせてとじます。

3 切って仕上げる

1
巻きすの端にすしを移し、側面を押さえて平らにします。

2
頭のてっぺんに刃先で切り込みを入れ、ヘタに見立てたきゅうりの皮をさし込みます。

3
4等分に切ります。

Happy Halloween

ゴースト（参考作品）

ゴースト

難易度 1
★★★

先端をとがらせて勾玉<small>(まがたま)</small>のような形ができれば完璧！
手の動きと目の表情でお茶目なバリエが楽しめます。

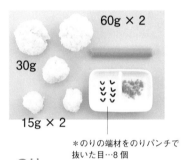

材料 4切れ分

酢めし
酢めし(白)…180g

具材・その他
魚肉ソーセージ
　(細/10cm)…1本[口]
おぼろ…少々[ほほ]

準備

酢めしは各分量に
分けておきます。

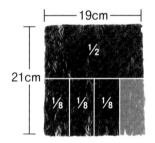

60g × 2

30g

15g × 2

＊のりの端材をのりパンチで
抜いた目…8個

のり

```
    19cm
┌──────────┐
│    1/2   │   21cm
├──┬──┬──┬─┤
│1/8│1/8│1/8│ │
└──┴──┴──┴─┘
```

/ Actual size \

I パーツを作る

手

のり1/8の上半分に酢
めし15gを広げ、二つ
折りしてしずく形にしま
す(2本)。

口

魚肉ソーセージは縦半
分に切り(半分は不要)、
のり1/8で巻きます。

2 組み立てて巻く 逆さに積んでいきます！

3 切って仕上げる

1
のり½を横にした巻きすに置き、中央右側に酢めし60gを4cm幅にのせます。

2
中央に平らな方を下にして口をのせ、酢めし30gをこんもりかぶせます。

3
酢めし60gをやや右に傾けて山形にのせます。

4
巻きすを置いたまま、すしを右側に倒し気味にしてのりを沿わせます。

5
左側も形に沿うようにかぶせ、右カーブの勾玉のようなしずく形に巻きとじます。

▼

1
巻き終わりを下にして巻きすの端にすしを移し、形に整えてから4等分に切ります。

2
手2本をそれぞれ4等分に切り、バランスよく2個ずつつけます。

3
のりの目をのせて表情をつけ、ほほにおぼろをのせます。

Happy Halloween☀

ハロウィン　Halloween

フランケン

難易度 2
★★★

四角形の顔に垂れたまぶた、大きな傷の縫い目。
ちょっぴり怖い怪物もハロウィンには大人気です。

材料 4切れ分

酢めし

酢めし(緑)…280g
　(酢めし250g +わさびとびこ30g +マヨネーズ少々)
酢めし(茶)…50g
　(酢めし45g + かつおふりかけ5g)

具材・その他

チーズかまぼこ(10cm)…1本 [目]
魚肉ソーセージ(中/10cm)…1本 [口]

のり

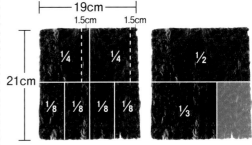

19cm	
1.5cm	1.5cm

21cm

1/4　1/4　　1/2

1/8 1/8 1/8 1/8　　1/3

準備　酢めしは各分量に分けておきます。

＊端材をのりパンチで
抜いた半円の目玉…8個

＊細切り(組み
合わせて縫い
傷)…適宜

60g　40g × 2

30g × 2　　50g

20g × 4

I パーツを作る

口

魚肉ソーセージは縦半分に切り(半分は不要)、
のり1/8 で巻きます。

耳

酢めし(緑)20gを10cm
長さの棒状にします。

のり1/8 をかぶせます。

U字形に整えます
(2本)。

目

1 酢めし(緑)30gを10cm長さの棒
状にし、1.5cm幅ののり、縦半分
に切ったチーズかまぼこを平らな方
を下にしてのせます。

2 1.5cmを切りとったの
り1/4 をかぶせてトンネ
ル型に整えます(2本)。

ここがPoint!

のり端が余ったら、本体を
余った側に倒しておくと自
然となじんでくっつきます。

3 まぶたが垂れ下がった
特徴的な目が完成。

2 組み立てて巻く

順に積んでいきます！

ここがPoint!

目と目のすき間に
酢めしが入るよう、
中心を指でつまん
で少しとがらせて
おきます。

1 のり½と⅓をつないで横に
した巻きすに置き、中央に
酢めし(緑)40gを4cm幅に
のせます。

2 中央に平らな方を下にして口を置き、
酢めし(緑)40gをかぶせます。

3 垂れ目になるよう左右の
目の角度を調節してのせ
ます。

4 左右に酢めし(緑)各20g
を添えます。

5 酢めし(緑)60gをかぶせ、
全体を平らな四角に整え
ます。

6 のり⅛を置き、酢めし(茶)
50gをのせて全体を長方形
に整えます。

7 巻きすを置いたまま、片
方ずつのりをかぶせてとじ
ます。

3 切って仕上げる

1 側面を押さえて平らにしてから4等分に切ります。

2 耳2本をそれぞれ4等分に切って左右につけます。

3 目に目玉をのせ、細切りののりを組み合わせて縫い
傷を描きます。

MONSTERS

PART 6

動物デコずし

デザイン：デコ小巻 & 飾巻子

コロっとかわいいてまり寿司を動物にアレンジ。
いろんな表情をつくってにぎやかな雰囲気に。

小皿にちょこっと
盛りつければ、
かわいらしさと
存在感が増します。

やぎ
作り方＝P.116

りす
作り方＝P.116

ひつじ
作り方＝P.116

さる
作り方＝P.116

かば
作り方＝P.117

こあら
作り方＝P.117

デザイン：デコ小巻 & 飾巻子

にわとり
作り方＝P.117

ひよこ
作り方＝P.117

ぱんだ
作り方＝P.118

うし
作り方＝P.118

うさぎ
作り方＝P.118

しろくま
作り方＝P.119

ソーセージを
上手に使って
耳を作ったり、
のりの切り方で
表情も自由自在！

らいおん
作り方＝P.119

ねずみ
作り方＝P.119

ひつじ

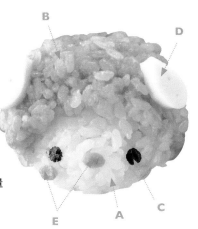

材料（1個分）

酢めし…40ｇ×2
デコふり（ピンク）…1/3程度
のり…少量
かまぼこ（白・ピンク）…各少量
乾燥そうめん…1本
マヨネーズ…少量

準備

A 酢めしを楕円形ににぎる。
B Aとは別に、酢めしにデコふりを混ぜて酢めしピンクを作る。
C のりを5mmののりパンチで抜き、目を作る。
D かまぼこ白は、耳になるように、しずく型に切る（写真参照）。
E かまぼこピンクは、薄くスライスして、型抜きで6mmの楕円形に抜く（3つ）。

組み立て

1 AにBを顔になる部分を残して、数回に分け、おはしでふんわりとのせ、頭の部分を作る。
2 Dで作った耳をそうめんで挿して固定する。
3 Cで作った目、Eで作った口などを各位置に配置し、ずれそうであれば、マヨネーズで固定する。

やぎ

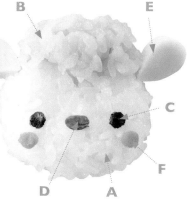

材料（1個分）

酢めし…40ｇ、5ｇ
デコふり（青）…1/3程度
のり…少量
カニかまぼこ…少量
かまぼこ（白・ピンク）…各少量
乾燥そうめん…1本

準備

A 酢めしを楕円形ににぎる。
B Aとは別に、酢めしにデコふりを混ぜて酢めし青を作る。
C のりを5mmののりパンチで抜き、目を作る。
D カニかまぼこは、鼻になるように薄く広げて、型抜きで6mmの楕円形になるように抜く。
E かまぼこ白は、耳になるように、しずく型に切る（写真参照）。
F かまぼこピンクは、薄くスライスして、型抜きで6mmの楕円形に抜く（2つ）。

組み立て

1 Eで作った耳にそうめんを挿す。
2 Aに1を耳の位置に挿して固定する。
3 Bを数回に分けて、額の位置におはしでふんわりとのせる。
4 C、D、Fで作った各パーツを各位置に配置し、ずれそうであれば、マヨネーズで固定する。

りす

材料（1個分）

酢めし（白）…40ｇ
いなり揚げ…1枚
のり…少量
スライスチーズ…少量
魚肉ソーセージ（細）…少量
かまぼこ（白・ピンク）…各少量
乾燥パスタ・そうめん…各1本

準備

A 酢めしをいなり揚げに詰め、とじ目を下にして楕円形にする。
B のりは、8mm大の楕円形に抜いたものを3つ作り、それぞれ目と鼻にする。額と口はそれぞれ写真を参考に細長くカットする。
C スライスチーズを16mm大に丸く抜く。
D 魚肉ソーセージを1cm幅にカットし、耳を作る（2つ）。
E かまぼこ白は、7mm大の丸に、かまぼこピンクは9mm大の丸にカットする（各2つ）。

組み立て

1 Dの耳にパスタを挿し、Eのかまぼこ白をのせておく。
2 Aに1を耳の位置に挿して固定する。
3 Eのかまぼこピンクはほっぺの位置に、Cは鼻の位置に配置し、そうめんで挿して固定する。
4 Bで作った各パーツを各位置に配置し、ずれそうであれば、マヨネーズで固定する。

さる

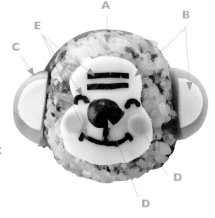

材料（1個分）

酢めし…40ｇ
かつおふりかけ…少量
魚肉ソーセージ（太）…少量
のり…少量
黒豆…1個
スライスチーズ…少量
乾燥パスタ…1本

準備

A 酢めしにかつおふりかけを混ぜ茶色にし、丸くにぎり顔を作る。
B スライスチーズはようじを使い、写真を参考に顔と耳のパーツをくり抜く（くりぬき方は124ページ参照）。
C 魚肉ソーセージは、1cm幅にカットし、さらに縦半分にカットして耳を作る。
D 黒豆を横半分にカットし鼻を、魚肉ソーセージを9mm大の丸にカットしてほっぺを作る。
E のりは写真を参考にカットし、おでこ、目、口の各パーツを作る（のりパンチでも可）。

組み立て

1 AにBの顔をマヨネーズで固定する。
2 Cの耳に、Bの耳のパーツをのせて、パスタで1の耳の位置に固定する。
3 D、Eで作った各パーツを各位置に配置し、ずれそうであれば、マヨネーズで固定する。

かば

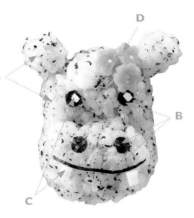

材料（1個分）

酢めし…40 g
すりゴマ（黒）…少量
のり…少量
かまぼこ（白・ピンク）…少量
乾燥そうめん…1本

準備

A 酢めしにすりゴマを混ぜ色をつけ、36 g 1つと2 g 2つに分ける。写真を参考に、36 g の酢めしを顔の形に、2 g の酢めしを耳の形ににぎる。

B のりは、のりパンチで5mmに抜き、目と鼻のパーツを作る。口は写真を参考に細長くカットする。

C かまぼこ白は、薄くスライスし、5mm角の四角を歯に、1mm角の四角を瞳にそれぞれ2つずつ作る。

D かまぼこピンクは、薄くスライスし、パンチで花型に抜く（3つ）。

組み立て

1 A の顔に耳を配置し、ずれないようにそうめんで固定する。

2 B で作った各パーツを各位置に配置する。

3 C で作った各パーツを各位置に配置する。

4 D で作ったパーツをおでこにバランス良く配置し、お花の中心にそうめんを挿して固定する。

こあら

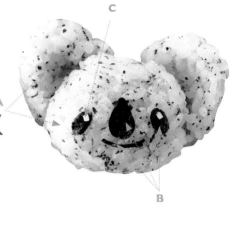

材料（1個分）

酢めし…64 g
すりゴマ（黒）…少量
のり…少量
かまぼこ（白）…少量

準備

A 酢めしにすりゴマを混ぜ色をつけ、40 g 1つと12 g 2つに分ける。写真を参考に、40 g の酢めしを顔の形に、12 g の酢めしを耳の形ににぎる。

B のりは、のりパンチで抜き、目（5mm）と鼻のパーツを作る。口は写真を参考に細長くカットする。

C かまぼこ白は、薄くスライスし、1mm角の四角にし瞳を作る（2つ）。

組み立て

1 A の顔の下に、耳をバランス良く配置する。

2 B で作った各パーツを各位置に配置する。

3 C で作った瞳を配置する。

にわとり

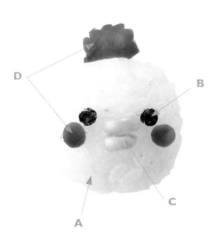

材料（1個分）

酢めし…40 g
のり…少量
コーン…2粒
赤ウィンナー…少量
乾燥そうめん…1本

準備

A 酢めし白を丸くにぎり、顔を作る。

B のりは、のりパンチで5mmに抜き、目を作る。

C コーンにそうめんを挿しておく。

D 赤ウィンナーの赤い部分が出るように薄くスライスし、小さな丸（7mm）2つをほっぺに。とさかは花型に抜いたものを半分にカットする。

組み立て

1 A の顔に、B で作った目を配置する。

2 C をくちばしになるように、そうめんを挿して固定する。

3 D で作った丸をほっぺの位置に、とさかは上部にそうめんで挿して固定する。

ひよこ

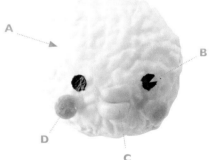

材料（1個分）

酢めし…40 g
大豆シート黄
（まめのりさん）…1/4枚
のり…少量
コーン…2粒
かまぼこ（ピンク）…少量
乾燥そうめん…1本

準備

A 酢めし白を丸くにぎり、顔を作る。

B のりは、のりパンチで5mmに抜き目をつくる。

C コーンにそうめんを挿しておく。

D かまぼこピンクは、薄くスライスし、小さな丸（7mm）を2つ作る。

組み立て

1 A の顔を大豆シートでくるむ。

2 1 に B で作った目を配置する。

3 C をくちばしになるように、そうめんを挿して固定する。

4 D で作った丸をほっぺの位置に配置する。

ぱんだ

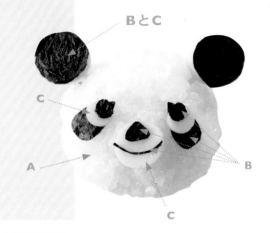

BとC

C

A

B

C

材料（1個分）

酢めし…40 g
のり…少量
かまぼこ（白）…少量
乾燥パスタ・そうめん…各1本

準備

A 酢めしを丸くにぎり、顔を作る。
B のりは、耳、目、鼻、口をそれぞれ写真を参考にカットする。
C かまぼこ白は、耳、目、鼻をそれぞれ写真を参考にカットする。この時、耳にはパスタを挿しておく。

組み立て

1 Aの顔に、Cで作った耳をパスタで挿して固定し、鼻を各位置に配置する。
2 Bで作った各パーツを各位置に配置する。目は、のり→かまぼこ→のりの順に配置する。

うし

D

A

E

C

B

材料（1個分）

酢めし…40 g
スライスチーズ…少量
のり…少量
黒豆…2個
ハム…少量
乾燥パスタ・そうめん…各1本

準備

A 酢めし白を丸くにぎり、顔を作る。
B スライスチーズはようじを使い、写真を参考に目と鼻輪のパーツをくり抜く（くり抜き方は124ページ参照）。
C ハムは、小さな丸（7mm）を2つ作る。
D 黒豆にパスタを挿しておく。
E のりはのりパンチで目を作る。

組み立て

1 Aの顔に、写真を参考にのりをはりラップでなじませ、模様を作る。
2 Dで作った耳をパスタで挿して固定する。
3 B、Cで作った各パーツを各位置に配置し、Eで作った目をそうめんで固定する。

うさぎ

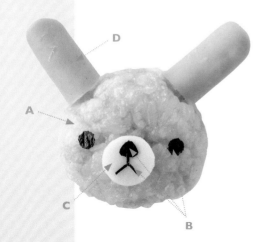

D

A

C

B

材料（1個分）

酢めし…40 g
デコふり（ピンク）…1/3程度
のり…少量
かまぼこ（白）…少量
魚肉ソーセージ（細）…少量
乾燥パスタ・そうめん…各1本

準備

A 酢めしにデコふりを混ぜピンクにし、丸くにぎり顔を作る。
B のりを5mmののりパンチで抜き目を作り、鼻、口をそれぞれ写真を参考にカットする。
C かまぼこは、薄くスライスして15mmの丸型に抜く。
D 魚肉ソーセージは30mmにカットして、さらに縦半分に切り耳を作り、パスタを挿しておく。

組み立て

1 Aの顔に、Dの耳をパスタで挿して固定する。
2 Cを鼻の位置にそうめんで挿して固定する。
3 Bで作った各パーツを各位置に配置する。

しろくま

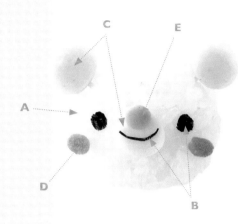

材料（1個分）

酢めし…40 g
のり…少量
かまぼこ（白・ピンク）…各少量
魚肉ソーセージ…少量
乾燥パスタ・そうめん…各1本

準備

A 酢めしを丸くにぎり顔を作る。

B のりを5mmののりパンチで抜き目を作り、口をそれぞれ写真を参考にカットする。

C かまぼこ白は、10mm幅にカットして15mmの丸型2つ（耳）、薄くスライスして12mmの丸型1つ（鼻）を作る。耳にパスタを挿しておく。

D かまぼこピンクは、薄くスライスして8mmの楕円に抜き、ほっぺを作る（2つ）。

E 魚肉ソーセージは、薄くスライスして、8mmの丸型に抜き、鼻を作る。

組み立て

1 Aの顔に、Cの耳をパスタで挿して固定する。

2 Cの鼻をそうめんで挿して固定する。

3 Bで作った各パーツを各位置に配置する。

4 D、Eで作った各パーツを各位置に配置する。

らいおん

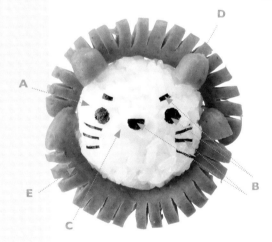

材料（1個分）

酢めし…40 g
のり…少量
スライスチーズ…少量
ポークビッツ…1本
ウィンナー…1本
乾燥パスタ…1本

準備

A 酢めしを丸くにぎり顔を作る。

B のりは（目はのりパンチ（5mm））、まゆ、目、鼻、ひげをそれぞれ写真を参考にカットする。

C スライスチーズは、8mmの丸型に抜く（3つ）。

D ポークビッツはボイルし、両端をカットして耳を作る。

E ウィンナーはボイルして、縦半分にカットし、切り込みを入れ、たてがみを作る。この時、わん曲している外側に切り込みを入れる。

組み立て

1 Aの顔のまわりに、Eのたてがみを巻きつけ、パスタで固定する。

2 Dの耳をパスタで挿して固定する。

3 Cを写真を参考に3つ重ねて鼻の位置に配置する。

4 Bで作った各パーツを各位置に配置する。

ねずみ

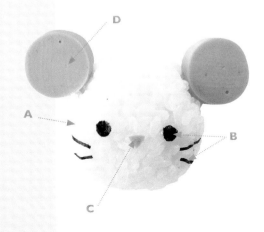

材料（1個分）

酢めし…40 g
のり…少量
かまぼこ（ピンク）…少量
魚肉ソーセージ（太）…少量
乾燥パスタ…1本
マヨネーズ…少量

準備

A 酢めしを丸くにぎり顔を作る。

B のりを5mmののりパンチで抜き目を作り、ひげは写真を参考にカットする。

C かまぼこは、薄くスライスして5mm角の三角形にカットし鼻を作る。

D 魚肉ソーセージは、15mm幅にカットし耳を作る（2つ）。耳にパスタを挿しておく。

組み立て

1 Aの顔にDの耳をパスタで挿して固定する。

2 Bで作った各パーツを各位置に配置する。

3 Cの鼻を配置する。ずれそうであれば、マヨネーズで固定する。

デザイン：デコ小巻 & 飾巻子

おいなりさんに
包まれた
動物たちの顔が
とってもかわいい。

たぬき
作り方＝P.121

きつね
作り方＝P.12

ぶた
作り方＝P.121

さる
作り方＝P.121

くま
作り方＝P.122

らいおん
作り方＝P.122

ひよこ
作り方＝P.122

にわとり
作り方＝P.122

ぶた
作り方＝P.123

ぱんだ
作り方＝P.123

たぬき

材料（1個分）

酢めし…40g
いなり揚げ…1枚と少量
のり…少量
かまぼこ（ピンク）…少量
スライスチーズ…少量
乾燥そうめん…1本

準備

A 酢めしをいなり揚げに詰め、とじ目を下にして楕円形にし顔を作る。

B 別のいなり揚げの角を2cm程度カットし、耳を作る。

C のりは、写真を参考に目の模様、口を作る。目は5mmののりパンチで抜く。

D かまぼこピンクを薄くスライスして7mmの丸型に抜き、ほっぺを作る。

E スライスチーズは写真を参考に目の模様、目、鼻を作る。

組み立て

1 Aの顔に、Bで作った耳をそうめんで挿して固定する。

2 Eで作った目の模様を配置し、その上にCで作った目の模様、Eで作った目、鼻、Cで作った目の順で配置していく。

3 C、Dで作った残りのパーツを各位置に配置する。

きつね

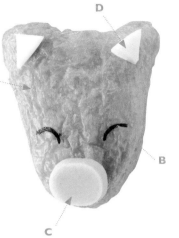

材料（1個分）

酢めし…40g
いなり揚げ…1枚
のり…少量
魚肉ソーセージ（細）…少量
スライスチーズ…少量
乾燥そうめん…1本

準備

A 酢めしをいなり揚げに詰め、とじ目を下にして、写真を参考に顔の形を作る。

B のりは写真を参考に細くカットし、目を作る。

C 魚肉ソーセージは、厚さ5mmにカットし、直径18mmの楕円に抜き、鼻を作る。

D スライスチーズは写真を参考に三角形にカットし、耳のパーツを作る。

組み立て

1 Aの顔に、Bで作った目を配置する。

2 Cで作った鼻にそうめんを挿し、1の顔に固定する。

3 Dで作ったパーツを耳の位置に配置する。

ぶた

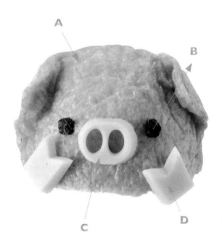

材料（1個分）

酢めし…40g
いなり揚げ…1枚
のり…少量
魚肉ソーセージ（細）…少量
乾燥そうめん…1本

準備

A 酢めしをいなり揚げに詰め、顔を作る。この時、耳になる角の部分には酢めしを詰めないようにする。

B のりは、5mmののりパンチで抜き目を作る。

C 魚肉ソーセージは、5mm幅にカットし、直径18mmの楕円形に切り、鼻を作る。鼻の穴は直径7mmの楕円の穴をあける。

D 手は、5mm幅にカットした魚肉ソーセージを、写真を参考にVの字に切り込みを入れる。

組み立て

1 Aで作った顔の角を、写真を参考に手前に折り、耳を作る。

2 Bで作った目を配置する。

3 C、Dで作った各パーツをそうめんを挿し、各位置に固定する。

さる

材料（1個分）

酢めし…40g
いなり揚げ…1枚
のり…少量
かまぼこ（ピンク）…少量
スライスチーズ…少量
乾燥そうめん…1本

準備

A 酢めしをいなり揚げに詰め、とじ目を下にして楕円形にし顔を作る。

B のりは、5mmののりパンチで目、鼻を作り、口は写真を参考に波型にカットする。

C かまぼこは薄くスライスして、9mmの楕円にカットしてほっぺを作る。

D スライスチーズは、写真を参考に手のパーツをくり抜く（くり抜き方は124ページ参照）。顔は、30mmの丸型に抜き、V字の切りこみを入れる。

組み立て

1 Aの顔に、Dで作った各パーツを各位置に配置する。

2 Bで作った各パーツを各位置に配置する。

3 Cで作ったほっぺにそうめんを挿し、2の顔に固定する。

くま

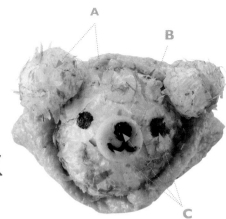

材料（1個分）

酢めし…40g
かつお節…適量
いなり揚げ…1枚
魚肉ソーセージ（細）…少量
のり…少量

準備

A 酢めしにかつお節をかけて色を
つけ、30g、5g×2に分けて丸
くにぎり、顔と耳を作る。

B 魚肉ソーセージは5mm幅にカッ
トして、鼻をつくる。

C のりはのりパンチで抜き、目と
鼻のパーツを作り、口は写真を
参考にカットする。

組み立て

1 いなり揚げのふちを内側に折り
込み、その上にAで作った顔、
耳を配置する。

2 B、Cで作った各パーツを各位
置に配置する。

らいおん

材料（1個分）

酢めし…30g
いなり揚げ…1枚
錦糸卵…適量
魚肉ソーセージ（細）…少量
スライスチーズ…少量
黒豆…1/2個
ハム…少量

準備

A 酢めしを丸くにぎり、顔を作る。

B ソーセージを5mm幅にカットし、
さらに半分に切り耳を作る。

C ハムを直径40mmの丸にカット
し、顔を作る。

D のりは、写真を参考にカットし、
瞳と口を作る。

E スライスチーズは、8mm大の丸
に抜き、目のパーツを作る。

F 黒豆は、横半分にカットし鼻を作る。

組み立て

1 いなり揚げのふちを内側に折り
込み、その上にAで作った顔を
配置する。

2 1の上にライオンのたてがみにな
るように錦糸卵を敷く。

3 Bで作った耳、Cで作った顔を
各位置に配置する。

4 D、E、Fで作った各パーツを各
位置に配置する。

にわとり

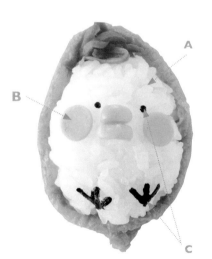

材料（1個分）

酢めし…40g
いなり揚げ…1枚
コーン…2粒
ハム…少量
のり…少量
紅ショウガ…適量
乾燥そうめん…1本

準備

A 酢めしを楕円形ににぎり土台を
作る。

B ハムは、9mm大の丸に抜き、
ほっぺを作る。

C のりは、のりパンチで目を作り、
写真を参考に細くカットして足を
作る。

組み立て

1 いなり揚げのふちを内側に折り
込み、その上にAで作った土台
を配置する。

2 紅ショウガを頭の上に配置する。

3 コーンにそうめんを挿し、2の顔
に固定する。

4 B、Cで作った各パーツを各位
置に配置する。

ひよこ

材料（1個分）

酢めし…30g
デコふり（黄色）…1/3程度
いなり揚げ…1枚
のり…少量
ニンジン…少量

準備

A 酢めしにデコふりを混ぜ色をつ
け、15gずつに分けて丸くにぎ
り土台を作る。

B のりは、のりパンチで目を作り、
写真を参考に細くカットして足
を作る。

C ニンジンは少量を茹で、写真を
参考に小さくカットし、くちば
しを作る。（オレンジ色の食材なら
なんでも可）

組み立て

1 いなり揚げのふちを内側に折り
込み、その上にAで作った土台
を配置する。

2 B、Cで作った各パーツを各位
置に配置する。

ぶた

材料（1個分）

酢めし…30g
さくらでんぶ…適量
いなり揚げ…1枚
魚肉ソーセージ（太）…少量
のり…少量

準備

A 酢めしにさくらでんぷを混ぜ色をつけ、楕円形ににぎり顔を作る。

B のりは、写真を参考に細くカットし、目を作る。

C 魚肉ソーセージは、5mm幅にカットしたものを2つ作り、1つは、写真を参考に楕円形に二箇所穴をあけ鼻に、もう1つは、半分に切り耳を作る。

組み立て

1 いなり揚げのふちを内側に折り込み、その上にAで作った顔を配置する。

2 B、Cで作った各パーツを各位置に配置する。

ぱんだ

材料（1個分）

酢めし…30g
いなり揚げ…1枚
黒豆…3個
のり…少量
スライスチーズ…少量
魚肉ソーセージ（細）…少量

準備

A 酢めしを楕円形ににぎり顔を作る。

B のりは、のりパンチで瞳と鼻を作り、写真を参考に口をカットする。

C 黒豆を横半分にカットし、丸くカットしたチーズをのせて目を作る。

D 魚肉ソーセージは、写真を参考に丸く切り、ほっぺを作る。

組み立て

1 いなり揚げのふちを内側に折り込み、その上にAで作った顔を配置する。

2 黒豆を耳の位置に配置し、Bで作った目の模様を配置する。

3 B、Cで作った残りの各パーツを各位置に配置する。

デコずしを作るコツ

ここでは、基礎の基礎、全てに使えるてまり寿司の作り方、
卵焼きの作り方など、本誌で覚えておくと便利なコツをお教えします。

てまり寿司の作り方

1 ラップに分量の酢めしをおく。

2 ラップで包んで、上部を絞る。

3 両手でぎゅっとにぎる。

4 まん丸のてまり寿司のできあがり。

スライスチーズのくりぬき方

1 スライスチーズを竹串で抜きたい形になぞる。（この場合はハート）

2 写真のように後ろから押し出すように、くり抜く。

3 きれいに抜けたところ。

乾燥パスタ・そうめんでの固定の仕方

耳や鼻などを固定するときに便利。
固定するパーツの大きさに合わせて、パスタ（そうめん）の長さを決めます。
食べるときには、水分を吸って柔らかくなります。

乾燥パスタ・そうめん

本体

◉「デコ巻きずし認定講座」が学べる全国のお教室一覧

※教室データは2019年12月現在のものです。最新の情報は、日本デコずし協会のHPをご確認ください ≫ http://deco-sushi.com/

北海道
〈所在地〉札幌市　〈最寄り駅〉札幌駅、円山公園駅ほか　出張講座可
わくわく♪デコ巻きずし・デコもち教室
Mail: bambic@topaz.plala.or.jp
Tel: 090-8638-3097
木村　みーやん

宮城県
〈所在地〉仙台市　〈最寄り駅〉仙台駅
M's　かふぇ
Mail: masakobuta@i.softbank.jp
Tel: 070-5621-9921
黒澤　昌子

宮城県
〈所在地〉気仙沼市
巻　すし絵のデコ巻きずし教室
Mail: syukie@k-macs.ne.jp
Tel: 090-7525-0305
菅原　幸枝

山形県
〈所在地〉山形市　〈最寄り駅〉山形駅
山形デコ巻きクラブ（フラワースクールピュア）
Mail: hatsue@flower-pure.com
Tel: 023-647-2526
多田　葉津恵

福島県
〈所在地〉福島市　〈最寄り駅〉JR福島駅
M's　かふぇ
Mail: masakobuta@i.softbank.jp
Tel: 070-5621-9921
黒澤　昌子

福島県
〈所在地〉郡山市　〈最寄り駅〉郡山駅
ホビー工房　SAKAIDA
Mail: mhobby-art52sakaida@docomo.ne.jp
Tel: 090-7932-2172
境田　美代子

福島県
〈所在地〉郡山市　〈最寄り駅〉郡山駅
巻きずし工房
Mail: o8o10617142@docomo.ne.jp
Tel: 080-1061-7142
芳賀　栄子

茨城県
〈所在地〉土浦市　〈最寄り駅〉JR常磐線 荒川沖駅
スターダスト☆mikasha
Mail: kirakiramikasha@gmail.com
Tel: 090-4846-9096
青木　美加

茨城県
〈所在地〉古河市　〈最寄り駅〉JR古河駅
L'atelier Le・Plaisir ～アトリエ　ル　プレジール ～
Mail: sagara@ivy.ocn.ne.jp
Tel: 090-7820-9084
相良　史子

茨城県
〈所在地〉牛久市　〈最寄り駅〉牛久駅
デコ巻きずし・デコもち・デコ和菓子教室 Deco roll
Mail: newrice.decoroll@gmail.com
Tel: 090-5503-2547
出津　有理

茨城県
〈所在地〉かすみがうら市　〈最寄り駅〉神立駅
デコ巻き寿司マイスター小春さんの教室
Mail: makimonogucchi@gmail.com
野口　みはる

栃木県
〈所在地〉栃木市　〈最寄り駅〉東武線 新大平下駅、両毛線 大平下駅
Challenge DECO
Mail: edogawa4152501@gmail.com
Tel: 090-2655-9158
おの　まなみ

栃木県
〈所在地〉佐野市　〈最寄り駅〉佐野市堀米駅
Lupinus　kei
Mail: keiko.vivid.728@ezweb.ne.jp
Tel: 0283-21-0771
上波　恵子

栃木県
〈所在地〉宇都宮市　〈最寄り駅〉JR・東武線 宇都宮駅
ぜんこの楽しい maki*maki* 教室＠宇都宮
Mail: maki.maki.zenko@gmail.com
Tel: 050-5316-5065
西澤　善子

栃木県
〈所在地〉那須塩原市　〈最寄り駅〉JR 西那須野駅、那須塩原駅
子連れも ok！のデコ巻きずし教室
Mail: fumiyo.decosushi@gmail.com
Tel: 080-6564-3996
高橋　史代

埼玉県
〈所在地〉さいたま市見沼区　〈最寄り駅〉大宮駅（バス15分）
クラフトハウス Rose Mi-
Mail: minako_6537@yahoo.co.jp
Tel: 048-708-6230
下山　美奈子

埼玉県
〈所在地〉さいたま市中央区　〈最寄り駅〉南与野駅
Oishii kitchen
Mail: naturalwashocook7@gmail.com
Tel: 080-6516-7617
Ayaka

埼玉県
〈所在地〉さいたま市緑区
Bon Moment.
Mail: cocoahennainu@icloud.com
Tel: 090-8178-4266
大日方　洋子

埼玉県
〈所在地〉草加市　〈最寄り駅〉獨協大学前駅
HELLO！デコ ROLL 寿司
Mail: ka-mi-aurora@docomo.ne.jp
Tel: 090-7199-1257
Kazumi

埼玉県
〈所在地〉蓮田市　〈最寄り駅〉蓮田駅
ドリームキッチン
Mail: nagai3232@gmail.com
Tel: 090-1816-6796
永井　礼子

埼玉県
〈所在地〉北足立郡　〈最寄り駅〉丸山駅
みんな喜ぶデコ巻きずし教室
Mail: mtmtayk75@gmail.com
Tel: 090-5401-6528
松本　綾子

千葉県
〈所在地〉船橋市　〈最寄り駅〉船橋日大前駅、北習志野駅
食を飾るフードアート HAPPYROLL
Mail: happyroll.michi@gmail.com
Tel: 080-5032-1668
なかむら　みちこ

千葉県
〈所在地〉船橋市　〈最寄り駅〉海神駅
おもしろデコ巻きずし・デコもち教室 “ おいしいエプロン ”
Mail: 4269sk@gmail.com
Tel: 090-9012-1929
松原　聖絵

千葉県
〈所在地〉松戸市　〈最寄り駅〉JR 松戸駅
DECO RUOKA ぴっくみゅーのデコフード教室
Mail: revontuli@hotmail.co.jp
Tel: 090-5505-1856
ふじわら　めぐみ

千葉県
〈所在地〉印旛郡　〈最寄り駅〉成田駅、安食駅
デコ巻きずし　デコもち教室　miu
Mail: iha.meat@docomo.ne.jp
Tel: 090-4059-9627
みうら　しずか

東京都
〈所在地〉港区　〈最寄り駅〉麻布十番駅
デコ寿司・飾り巻き寿司・デコもち教室 KURULIN くるりん
Mail: kurulin24@gmail.com
Tel: 090-1456-5901
下野　ひとみ

東京都
〈所在地〉港区　〈最寄り駅〉東京メトロ表参道駅
Aoyama Kitchen
Mail: aoyama-kitchen@maplease.co.jp
Tel: 03-5766-2251
かおる

東京都
〈所在地〉港区　〈最寄り駅〉田町駅、三田駅
salon de lalapan
Mail: tsurumiko8@gmail.com
Tel: 090-1850-9496
鶴見　美子

東京都
〈所在地〉大田区　〈最寄り駅〉鵜の木駅（東急多摩川線）
鵜の木の木　飾り巻き寿司教室
Mail: taneyuko@yahoo.co.jp
Tel: 090-1737-1825
ほしの

東京都
〈所在地〉世田谷区　〈最寄り駅〉東北沢駅、下北沢駅、池ノ上駅
飾り巻きずし教室　hiro's roll
Mail: hirolala31@gmail.com
Tel: 090-1036-8619
沖田　浩子

東京都
〈所在地〉渋谷区　〈最寄り駅〉東京メトロ千代田線 小田急線、代々木上原駅
巻きずし教室　聞寿庵
Mail: tamtam9999@gmail.com
Tel: 090-4537-8491
田村　みゆき

東京都
〈所在地〉渋谷区　〈最寄り駅〉恵比寿駅、渋谷駅
パフスリーブス
Mail: miwako.ashida@gmail.com
Tel: 03-5466-0906
芦田　美和子

東京都
〈所在地〉板橋区　〈最寄り駅〉東武東上線東武練馬駅
cooking space "Wa"
Mail: seiko.w.cooking@gmail.com
えがしら せいこ

東京都
〈所在地〉練馬区　〈最寄り駅〉富士見台駅
２３番地 cook ～人と料理の交差点
Mail: akiyama@cookart.co.jp
Tel: 03-6753-1842
秋山　直美

神奈川県
〈所在地〉川崎市多摩区　〈最寄り駅〉向ヶ丘遊園駅
デコ巻きずし　小田急線 向ヶ丘遊園教室
Mail: arahisoy@hotmail.com
Tel: 080-3368-1123
森田　多恵子

神奈川県
〈所在地〉大和市　〈最寄り駅〉田園都市線 つきみ野駅
ぜんこの楽しい maki*maki* 教室
Mail: maki.maki.zenko@gmail.com
Tel: 050-5316-5065
西澤　善子

神奈川県
〈所在地〉三浦郡　〈最寄り駅〉JR 逗子駅、京急新逗子駅
May's Cooking Hayama
Mail: mays.cooking.hayama@gmail.com
Tel: 090-2231-7837
鈴木　メイ　真由美

山梨県
〈所在地〉甲州市　〈最寄り駅〉塩山駅（徒歩 5 分）
ミミ　エデン
Mail: mimieden21@yahoo.co.jp
Tel: 090-4723-8210
沼田　美奈

愛知県
〈所在地〉西春日井郡　〈最寄り駅〉西春駅、上小田井駅
くみまきこデコ巻き教室
Mail: kuryunakaza1012@gmail.com
Tel: 090-9937-6835
藤村　久美

三重県
〈所在地〉津市　〈最寄り駅〉南ヶ丘駅、久居駅、津駅
デコ巻き寿司 & デコもち　おすまし巻子教室
Mail: hanahina1606@gmail.com
Tel: 090-6762-8777
渡辺　由美香

三重県
〈所在地〉桑名市　〈最寄り駅〉桑名駅
ぽろろんのデコ巻きずし教室
Mail: hukurin0823@gmail.com
Tel: 090-1753-9859
まきまきぽろろん（堀井由貴）

滋賀県
〈所在地〉近江八幡市　〈最寄り駅〉近江八幡駅、能登川駅
巻き巻き教室
Mail: ohana120731@i.softbank.jp
Tel: 090-2358-3557
巻子・デラックス

京都府
〈所在地〉京都市　〈最寄り駅〉JR 丹波口駅、阪急大宮駅
寺子屋のりころりん
Mail: terakoyanorikororin@gmail.com
Tel: 090-3863-6201
梶原　典子

大阪府
〈所在地〉大阪市阿倍野区　〈最寄り駅〉阪堺電鉄 北畠駅
Mano Classe Emi
Mail: info@manoclasse-emi.com
Tel: 080-5702-1698
飾巻子（恒岡恵美）

大阪府
〈所在地〉大阪市阿倍野区　〈最寄り駅〉御堂筋線 天王寺駅、西田辺駅
デコすし教室　RoLL-Yumi
Mail: yumi.yumi.happy.86@gmail.com
Tel: 090-3848-2916
内田 弓美子 (Roll-yumi)

大阪府
〈所在地〉大阪市阿倍野区　〈最寄り駅〉地下鉄御堂筋線　西田辺駅
こころとからだに楽しいお料理教室　KOTORI 3
Mail: sasuke88888@yahoo.co.jp
Tel: 080-5707-0490
藤野　麻有

大阪府
〈所在地〉大阪市北区　〈最寄り駅〉中崎町駅
大阪巻子デコ巻きずし教室
Mail: toko.colore@gmail.com
Tel: 090-3927-5265
大阪　巻子

大阪府
〈所在地〉大阪市福島区　〈最寄り駅〉JR 野田駅、阪神野田駅、大阪メトロ野田阪神駅
亀ママお料理教室
Mail: kmymktm_39@ezweb.ne.jp
Tel: 090-5970-4910
亀山　勝美

大阪府
〈所在地〉堺市
ゆか巻子のデコ巻き教室
Mail: yukamakiko0203@gmail.com
Tel: 090-5058-9584
ゆか巻子

大阪府
〈所在地〉堺市西区　〈最寄り駅〉JR阪和線 津久野駅、鳳駅
細巻子の和み倶楽部
Mail: tsunerin24@gmail.com
Tel: 090-7768-3047
細川　恒子

大阪府
〈所在地〉堺市西区　〈最寄り駅〉JR 鳳駅（徒歩 8 分）
Heart Food Labo デコ巻きずし教室
Mail: hello@heartfoodlabo.com
Tel: 090-1951-0302
松山　智美

大阪府
〈所在地〉堺市中区　〈最寄り駅〉泉北鉄道 泉ヶ丘駅
デコずしキッチン
Mail: 1043-ikeda@sakai.zaq.ne.jp
Tel: 090-5887-7827
池田　壽美（寿し　巻子）

大阪府
〈所在地〉堺市中区　〈最寄り駅〉南海高野線 初芝駅
Dream Design Laboratory -Japanese Kitchen Osaka-
Mail: satomi@dreamdesignlab.com
Tel: 090-6602-6717
奥田　聡美

大阪府
〈所在地〉泉佐野市　〈最寄り駅〉南海本線 泉佐野駅、JR りんくうタウン駅
うずまきこの古民家つばめ教室
Mail: uzumakiko55@gmail.com
Tel: 090-3921-0009
うずまきこ

大阪府
〈所在地〉河内長野市　〈最寄り駅〉南海高野線 美加の台駅、三日市町駅、河内長野駅
Happy Smile クッキング～パンとお寿司の教室
Mail: info@happysmile-c.com
Tel: 090-1225-5089
畑　たみこ

大阪府
〈所在地〉箕面市　〈最寄り駅〉北千里駅、千里中央駅
笑 巻子のデコ巻きずし教室
Mail: warai-makiko@outlook.jp
Tel: 090-8122-2599
笑　巻子

大阪府
〈所在地〉東大阪市　〈最寄り駅〉近鉄奈良線 若江岩田駅
桃巻子教室
Mail: uepy104@gmail.com
Tel: 090-2060-2425
上野　由佳

大阪府
〈所在地〉大阪狭山市　〈最寄り駅〉南海高野線 金剛駅、泉北高速鉄道 泉ヶ丘駅
フローレンス
Mail: dudu614@disney.ne.jp
Tel: 090-8820-0566
小西　香月

兵庫県
〈所在地〉明石市　〈最寄り駅〉ＪＲ西明石駅
オハナろーる～ Ohana・Roll ～
Mail: ohanaroll087@gmail.com
Tel: 090-8466-7598
芝　智子

兵庫県
〈所在地〉西宮市　〈最寄り駅〉阪急電鉄 西宮北口駅
一般社団法人 CraftLab
Mail: hone1288@yahoo.co.jp
Tel: 090-5123-5526
モモケル（石原 当代）

兵庫県
〈所在地〉西宮市　〈最寄り駅〉阪急西宮北口駅
Lily-Casablanca
Mail: lilycasablanca.08@gmail.com
Tel: 080-8520-8998
神戸　巻子

兵庫県
〈所在地〉芦屋市　〈最寄り駅〉芦屋駅
ユニバーサルデザイナーズアカデミー
Mail: hana@seika-co.jp
Tel: 0797-25-5155
長井　睦美

兵庫県
〈所在地〉伊丹市　〈最寄り駅〉JR 伊丹駅、阪急伊丹駅
デコ巻きずし・スイーツ・ハンドメイドのお教室 Clover deco Kitchen
Mail: dekomakiko@ymobile.ne.jp
Tel: 080-4761-1128
定本　由恵

兵庫県
〈所在地〉宝塚市　〈最寄り駅〉阪急清荒神駅
はっぴーろーる　たからづか
Mail: noriko.ueda0902@gmail.com
Tel: 080-3806-1468
植田　紀子

兵庫県
〈所在地〉宝塚市　〈最寄り駅〉阪急売布神社駅、JR 中山寺駅
Jelly Beans Kitchen（ジェリービーンズキッチン）
Mail: jelly.beans.kitchen@gmail.com
Tel: 080-6237-0226
宝塚巻子ジュリ／ JuRi（じゅり）

奈良県
〈所在地〉生駒市
花巻子のデコ巻きずし教室
Mail: hanamakiko1219@gmail.com
Tel: 090-4277-7314
本木　美登里

奈良県
〈所在地〉北葛城郡　〈最寄り駅〉JR 王寺駅
アトリエ　JiJi
Mail: atelier.jiji.makimaki@gmail.com
吉田　眞美子（さくら巻子）

和歌山県
〈所在地〉紀の川市　〈最寄り駅〉JR 下井阪駅
ナンシー巻き子の　デコ巻きずし体験教室　Make A Wish
Mail: naomi-tomomi-yamaguchi@ezweb.ne.jp
Tel: 090-1952-3288
ナンシー巻子（山口直美）

和歌山県
〈所在地〉紀の川市　〈最寄り駅〉JR 粉河駅
力寿しのデコ巻き
Mail: sa13pare@gmail.com
Tel: 090-1894-4518
藏端　小百合　（紀の川巻子）

岡山県
〈所在地〉倉敷市　〈最寄り駅〉JR 植松駅
倉敷　料理屋女将ちゃんのデコ巻きずしレッスン
Mail: yanmi-mi@ezweb.ne.jp
Tel: 086-485-2240
やまがた　みさこ

広島県
〈所在地〉広島市安佐北区　〈最寄り駅〉下深川駅
広島市安佐北区デコ巻きずし・あんケーキ・和菓子が楽しめる教室
Mail: Gangan19parizumu62kirara@outlook.jp
Tel: 090-9463-4759
武田　折恵

山口県
〈所在地〉美祢市　〈最寄り駅〉厚保駅、厚狭駅
こむぎ巻子のデコ巻きずし教室
Mail: mtyas-s@c-able.ne.jp
Tel: 0837-58-0324
下手　知子

山口県
〈所在地〉山陽小野田市　〈最寄り駅〉JR 小野田線 南中川駅
ノリちゃんと海苔 2 巻っきー
Mail: yorozu119@gmail.com
Tel: 090-1557-2369
海苔 nori 巻子

徳島県
〈所在地〉吉野川市
デコ巻 Smile
Mail: yjt99ngrnse7d6kx437v@docomo.ne.jp
Tel: 090-9450-7444
大草　ゆかり

香川県
〈所在地〉高松市
野梨のりこのデコ巻ずし・デコもち・デコ弁教室
Mail: norinoriko.20140619@gmail.com
Tel: 090-7782-3869
野梨　のりこ

愛媛県
〈所在地〉松山市
のりまきこデコずし教室
Mail: nanaco-kingyo@i.softbank.jp
Tel: 090-4782-8738
野梨真樹子（たなかゆかり）

熊本県
〈所在地〉熊本市
熊本 飾り巻き寿司教室【でこまき】
Mail: decomaki9696@gmail.com
Tel: 090-6776-0205
そうだまさみ（デコレール巻子）

大分県
〈所在地〉別府市　〈最寄り駅〉別府大学駅
kerorin ちゃんの手作り教室
Mail: kerorin.fight.kake.5@gmail.com
Tel: 080-5209-6109
石井　久美

大分県
〈所在地〉竹田市　〈最寄り駅〉豊後竹田駅
kawano の台所
Mail: kawano-m@joy.ocn.ne.jp
Tel: 090-5383-1492
河野　叔子

沖縄県
〈所在地〉那覇市　〈最寄り駅〉沖縄都市モノレール線 旭橋駅
くるくまりん倶楽部
Mail: thagiwara1947@gmail.com
Tel: 090-1072-5886
実践教育ラボ

沖縄県
〈所在地〉与那原町
お稽古サロン Ｊ-style
Mail: s66rose22f@ezweb.ne.jp
Tel: 090-1942-6182
池原　淳子

海外（タイ）
〈所在地〉Rama 2 Rd. Bangkok　〈最寄り駅〉15 minutes by taxi from Wutthakat station
Asobi Cocoro
Mail: athaneeporn@gmail.com
Tel: +66897745315
Athaneeporn Boonrad

著者 Profile

飾 巻子（恒岡恵美）

日本デコずし協会　カリキュラム委員長
生活総合情報サイト All About
（オールアバウト）／「デコずし」ガイド

2008年巻きずしインストラクターとしてデビュー。全国各地で開催される講座をはじめ、テレビ、WEBなどのメディアに多数出演し、巻きずしアートの普及に尽力。デコもち、デコクッキー、デコカップケーキ、デコアクセサリー、デコクラフト作家としても多数の作品を発表し、幅広い分野で活躍中。著作「ディズニーツムツム巻きずし」（ブティック社刊）。

ブログ　　　http://ameblo.jp/nandemodekiru/
ホームページ　http://www.manoclasse-emi.com/
アドレス　　info@manoclasse-emi.com

制作 Staff　マッキーズ

野梨真樹子（田中ゆかり）
アドレス　nanaco-kingyo@i.softbank.jp

うず まきこ（宇賀万里子）
ホームページ　https://uzumakiko.jp
アドレス　uzumakiko55@gmail.com

写真プロセスで絶対作れる！デコ巻きずし 完全版

2020年1月10日　初版発行

編集人　佐々木曜
発行人　内藤　朗
印　刷　大日本印刷株式会社
発行所　株式会社ブティック社
　　　　〒102-8620　東京都千代田区平河町1-8-3
　　　代　　表　☎03-3234-2001
　　　販売部直通　☎03-3234-2081
　　　編集部直通　☎03-3234-2071

PRINTED IN JAPAN　ISBN:978-4-8347-9026-9

編集　井上真実
ブックデザイン　萩原聡美
食材協力　はごろもフーズ株式会社
　　　　　https://www.hagoromofoods.co.jp/

この本は、以下の既刊誌に掲載されたものの中から、人気のあるレシピを厳選し再編集したものです。
ブティック・ムック no.1335「デコ巻きずし」
ブティック・ムック no.1402「改訂版 巻きずし」

必ず見つかる、すてきな手づくりの本
ブティック社　検索

ブティック社ホームページ
https://www.boutique-sha.co.jp
本選びの参考にホームページをご覧ください

【SHARE ON SNS!】

この本に掲載されているレシピを作ったら、自由に写真を Instagram、Facebook、Twitter など SNS にアップしてください！読者の皆様が作ってみた、身につけた、プレゼントしたものなど・・・楽しいハンドメイドを、みんなでシェアしましょう！ハッシュタグ をつけて、好きなユーザーと繋がりましょう！
ブティック社公式 facebook　boutique.official「ブティック社」で検索してください。いいね！をお願いします。
ブティック社公式 Instagram btq_official　ハッシュタグ # ブティック社 #デコ巻きずし
ブティック社公式 twitter Boutique_sha 役立つ新刊情報などを随時ツイート。お気軽にフォローしてください！